GOVERNANÇA REGENERATIVA

Gabriela Blanchet

GOVERNANÇA REGENERATIVA

UMA EVOLUÇÃO DO SISTEMA DE GOVERNANÇA PARA ENFRENTAR OS DESAFIOS DO MUNDO EM TRANSIÇÃO

BAMBUAL
editora

Coordenação editorial
Isabel Valle

Copidesque
Thays Garcia | Bridge3

Revisão
Vinícius Trindade

Capa e design das ilustrações
André Luiz Barbosa

ISBN 978-65-89138-82-2

BAMBUAL
editora
www.bambualeditora.com.br
conexao@bambualeditora.com.br

DEDICATÓRIA

Aos meus filhos Raphael e Isabelle, minha inspiração constante e minha razão de acreditar em um futuro melhor.

Que este livro seja para vocês um símbolo da importância do conhecimento, da escuta, da coragem e da ética em tempos de transformação.

Vocês representam o amanhã – aquele que sonhamos, construímos e cuidamos hoje.

AGRADECIMENTOS ESPECIAIS

A semente deste livro nasceu de uma inquietação profunda: como compreender e abordar a governança corporativa diante dos desafios emergentes em um cenário empresarial cada vez mais complexo, dinâmico e incerto?

Embora tenha partido de uma reflexão pessoal, esta obra é também fruto de uma inteligência coletiva – construída por meio de diálogos, trocas, provocações e aprendizados compartilhados. Cada conversa e cada contribuição ajudaram a moldar e enriquecer o conteúdo que aqui apresento.

Minha primeira e mais sincera gratidão vai para a minha base: minha família. São eles que me sustentam, me encorajam e caminham ao meu lado, independentemente das tempestades ou dos dias ensolarados. Foram os primeiros a ouvir minha ideia e a me impulsionar a transformá-la em palavras.

Agradeço especialmente aos meus pais, João Francisco – que dedicou generosas horas à leitura e aos comentários do texto – e Luisa, cuja presença e exemplo são pilares na minha trajetória. Aos meus filhos, Raphael e Isabelle, que são minha força e minha coragem para seguir sempre em frente. E ao Richard, meu companheiro de vida e de ideias, pela parceria constante, pelas leituras atentas e pelas sugestões sempre tão pertinentes.

Registro também minha profunda gratidão aos conselheiros, cientistas, profissionais e acadêmicos, nacionais e internacionais, que gentilmente aceitaram compartilhar suas histórias, experiências e reflexões por meio das entrevistas que compõem esta obra. As conversas foram tão ricas e inspiradoras que selecionar as falas e ideias de meus entrevistados foi, sem dúvida, um dos maiores desafios que tive durante a elaboração deste livro. Meu muito obrigada a Bill Reed, Carlos Nobre, Estevan Sartoreli, John Elkington, Luiz Demattê, Michelle Holliday, Philippe Joubert, Ricardo Young e Tarcila Ursini.

Um agradecimento especial ao Fábio Barbosa, cuja generosidade e disponibilidade me tocaram profundamente. Além da conversa inspiradora que tivemos como um dos entrevistados desta obra, Fábio aceitou prontamente o convite para escrever o prefácio, mesmo com sua agenda sempre tão cheia. Que honra e privilégio contar com sua voz nesta abertura!

Também dedico um agradecimento especial à minha *publisher*, Isabel Valle, CEO da Bambual Editora, por acreditar neste projeto desde o primeiro momento em que compartilhei a ideia central. Sua confiança foi combustível para seguir adiante.

Sou também profundamente grata aos amigos e amigas que contribuíram com *insights* valiosos e escuta atenta ao longo da construção deste livro.

Por fim, o meu agradecimento especial às pessoas que são leitoras deste livro, conselheiras, executivas, líderes que se dedicam à construção de organizações mais conscientes, éticas e sustentáveis. Sua leitura é um gesto de compromisso com o futuro, com a transformação dos modelos de gestão e com a regeneração das relações entre organizações, sociedade e planeta.

Que este livro possa ser um companheiro de reflexão e ação na sua jornada pela **Governança Regenerativa** – um caminho que exige coragem, escuta profunda e visão sistêmica. Receba o meu respeito por aceitar fazer parte desta conversa.

A todos e todas que, de alguma forma, contribuíram ao longo do caminho percorrido até aqui, deixo registrado meu abraço cheio de carinho e gratidão.

Gabriela Blanchet

SUMÁRIO

PREFÁCIO

DAR CERTO, FAZENDO A COISA CERTA, DO JEITO CERTO: VALORES E O CAMINHO PARA A GOVERNANÇA REGENERATIVA

É com grande satisfação que apresento a vocês este livro de Gabriela Blanchet, *Governança Regenerativa: uma evolução do sistema de governança para enfrentar os desafios do mundo em transição*. O mundo em que vivemos não é cartesiano; as pessoas são complexas e, por isso mesmo, maravilhosas. E essa complexidade se estende ao cenário global, marcado hoje por crises interdependentes – do colapso climático à crescente desigualdade social. Diante dessa realidade, questiono, como a autora também faz, se as práticas de governança corporativa que nos trouxeram até aqui são suficientes para nos conduzir adiante. A resposta, clara e urgente, é não.

Ao longo de minha carreira, seja na área financeira de grandes empresas ou como presidente de bancos, sempre me pautei por uma convicção profunda: a de que é possível dar certo, fazendo as coisas certas, do jeito certo. Esse não é apenas um mantra, mas a essência de uma jornada que, para mim, sempre esteve intrinsecamente ligada à gestão de pessoas e à busca por um impacto positivo.

Este livro propõe uma mudança de paradigma: a transição de uma governança corporativa tradicional – muitas vezes reativa e focada em resultados de curto prazo para acionistas – para um modelo verdadeiramente regenerativo. Como a autora nos explica: "A Governança Regenerativa é um sistema que vai além da minimização de danos ao meio ambiente e a sociedade, é um sistema que afirma a vida, regenerando e revitalizando os ecossistemas e as comunidades nas quais as organizações atuam." Em meus anos de experiência, aprendi que o papel do líder é garantir o resultado, visando à perpetuidade da empresa. A Governança Regenerativa, como ela explora, não é um mero complemento, mas a própria base para a longevidade e a relevância das organizações em um futuro incerto.

A autora nos convida a ir além, entendendo a ética de uma forma mais ampla: para a afirmação da vida no planeta, a ética deve estar no centro das decisões empresariais, de maneira que agir com integridade, transparência e responsabilidade, sempre buscando o bem comum, é fundamental. Isso ressoa com uma percepção que sempre me acompanhou: a de que não dá para ir bem, indefinidamente, num país que vai mal. As empresas são atores econômicos de protagonismo inegável, portanto a responsabilidade delas na construção de um futuro mais equilibrado e justo é imensa.

As decisões de maior impacto na carreira e na vida pessoal se sustentam em três pilares: informação, emoções e, sobretudo, valores. Gabriela traz essa mesma essência ao destacar que a Governança Regenerativa deve ser fundamentada em princípios como a ética para a afirmação da vida no planeta, a transparência, a interdependência, a responsabilização, a equidade, a inovação e a circularidade. Essa ética ampliada, que valoriza todas as formas de vida e o bem comum, conecta-se diretamente à minha máxima de "não fazer nada que não possa ser contado na mesa de jantar com os filhos". É essa coerência nas atitudes, nas pequenas e grandes coisas, que se torna a base para o sucesso verdadeiro.

Ter uma perspectiva de longo prazo é crucial para a Governança Regenerativa e, para que essa transformação aconteça, a liderança tem um papel central. Os conselhos de administração, por exemplo, precisam atuar como guardiões do propósito organizacional, alinhando a estratégia da empresa à regeneração. É preciso coragem para ir além do *status quo*, para investir em diversidade de pensamento e em novas competências, como o letramento climático e o pensamento sistêmico.

Este livro não é apenas um guia conceitual; ele apresenta exemplos inspiradores de empresas como a Dengo e a Korin, que já caminham nessa jornada, provando que é, sim, possível alinhar propósito, ética, prosperidade e impacto positivo. Ou, como disse no início desse texto: é possível dar certo, fazendo a coisa certa, do jeito certo. E os executivos entrevistados pela autora demonstram que a ascensão profissional e o sucesso empresarial são consequências naturais de quem age com disciplina, paixão, dentro de seus valores e com um propósito maior.

Gabriela Blanchet nos oferece uma obra essencial para aqueles que desejam ser protagonistas da transformação. Que a leitura deste livro seja um convite a repensar suas práticas, a assumir a responsabilidade geracional que carregamos e a construir organizações que não apenas sobrevivam, mas que prosperem e regenerem a vida em todas as suas formas.

Uma ótima leitura e uma boa regeneração!

FÁBIO COLLETTI BARBOSA[47]

Presidente do conselho de administração da Natura&CO e
membro dos conselhos de administração da Ambev,
da Companhia Brasileira de Metalurgia e
Mineração (CBMM) e da Votorantim S.A.

---

47 Fábio Colletti Barbosa é um dos principais líderes empresariais brasileiros em sustentabilidade e governança. Ao longo de sua carreira, foi presidente do Banco ABN Amro Real, Santander Brasil, Febraban e Abril Mídia. Atualmente, também é membro do Conselho do Centro de Liderança Pública (CLP), da UN Foundation, para apoio a ONU, e do conselho consultivo do Unicef. Fábio Barbosa é formado em Administração de Empresas pela Fundação Getúlio Vargas de São Paulo e tem MBA no Institute for Management Development (IMD), em Lausanne, na Suíça.

APRESENTAÇÃO

A ideia deste livro surgiu de uma pergunta que me acompanha há algum tempo: **as boas práticas de governança corporativa realmente refletem o *zeitgeist*,[48] as demandas urgentes da sociedade e do planeta?** Ou a própria governança precisa ser ressignificada para este momento de transição global? Como muitos outros profissionais, questiono o quanto as práticas de governança corporativa atuais representam a consciência que as organizações precisam adquirir para garantir sua relevância e longevidade diante de um futuro incerto, complexo e desafiador.

Otto Scharmer,[49] em uma aula para a Comunidade de Sustentabilidade e Clima do Instituto Brasileiro de Governança Corporativa (IBGC), da qual faço parte do Conselho Curador, reforça que vivemos em um momento de disrupção, um verdadeiro ponto de virada que exige uma escolha consciente.

---

48 *Zeitgeist* é um termo de origem alemã que significa literalmente "espírito do tempo". Refere-se ao conjunto de ideias, crenças, valores e sensações que caracterizam uma determinada época histórica. No contexto deste livro, o conceito é utilizado para destacar a mudança de mentalidade coletiva que exige novas abordagens para liderança, governança e desenvolvimento – mais integradas, éticas e regenerativas.

49 Otto Scharmer é um pesquisador e autor conhecido por desenvolver a Teoria U, um modelo de aprendizagem e liderança transformadora.

Na década de 1990, década na qual se começa a discutir mais fortemente a governança corporativa, John Elkington,[50] um dos entrevistados para este livro e autor pioneiro na discussão sobre a sustentabilidade dos negócios, já afirmava a necessidade de transformação a partir de uma revolução cultural global que viria pelos princípios da governança corporativa, conforme trecho abaixo do livro *Canibais com garfo e faca*:

> *A transição para o capitalismo sustentável será uma das mais complexas revoluções que a nossa espécie já vivenciou. Estamos embarcando em uma revolução cultural global, que tem como epicentro a sustentabilidade. Ela tem a ver com valores, mercados, transparência, ciclos de vida de tecnologias e produtos, e tensões entre o longo e o curto prazos. E as empresas, mais que governos ou outras organizações, estarão no comando destas revoluções. Um comando que se exercerá pelos princípios da governança corporativa. (Elkington, 2001, p. 91).*

Nesta época, Elkington já enxergava a importância da governança corporativa como base para a tão necessária transformação global e inovou ao criar o tripé da sustentabilidade para organizações (*triple bottom line*).[51] Este conceito se tornou mundialmente conhecido e o autor

50 John Elkington é referência global em sustentabilidade e inovação para o impacto. Coautor do conceito de Triple Bottom Line, é cofundador da Volans Ventures, e anteriormente fundou a SustainAbility, a Environmental Data Services (ENDS) e a John Elkington Associates. Autor ou coautor de vinte livros – incluindo *Green Swans: The Coming Boom in Regenerative Capitalism* (2020) —, atua como professor visitante em instituições como Cranfield, UCL e Imperial College. Reconhecido por sua atuação pioneira na interface entre negócios e regeneração, já integrou mais de oitenta conselhos e comitês consultivos em organizações globais dedicadas à sustentabilidade, inovação e transformação sistêmica.

51 O conceito de Tripé da Sustentabilidade, proposto por John Elkington em 1994, sugere que o desempenho de organizações deve ser avaliado a partir de três dimensões interdependentes: econômica (*profit*), social (*people*) e ambiental (*planet*). A proposta rompe com a lógica tradicional de maximização do lucro ao incorporar métricas que

o atualizou no ano de 2020 ao lançar o livro *Green Swans: the coming boom in regenerative capitalism*, onde incluiu a importância do olhar para a regeneração. Neste livro ele menciona fazer um *recall* do conceito de *triple bottom line*, pois já não refletia mais o "espírito do tempo". Apesar dessa atualização, ainda hoje algumas empresas continuam a repetir o conceito antigo como um mantra.

Porém, não a governança corporativa da forma como vem sendo discutida até os dias atuais, mas sim uma nova governança, capaz de preparar as organizações para os desafios do mundo em transição, que eu intitulo de **Governança Regenerativa**.

Acredito que a governança corporativa precisa urgentemente passar por uma transformação decisiva. Somente uma mudança profunda de mentalidade, capaz de expandir a consciência de lideranças globais, poderá resultar na evolução para uma Governança Regenerativa tão necessária na busca por resiliência, adaptação e preparação para o futuro.

A Governança Regenerativa é um sistema que vai além da minimização de danos ao meio ambiente e à sociedade, é um sistema que afirma a vida, regenerando e revitalizando os ecossistemas e as comunidades nas quais as organizações atuam. Essa abordagem exige coragem para romper com o *status quo* e estabelecer novas práticas e princípios, alinhados com os desafios socioambientais planetários. Para garantir a longevidade e relevância das organizações, é fundamental que Conselhos de Administração (CA), executivos e outros órgãos de governança tomem decisões que considerem não só os interesses da organização que servem, mas também o meio ambiente, a sociedade e todas as partes interessadas de forma integrada, sistêmica e holística.

Neste processo, a importância da equidade, inclusão e justiça social deve ser reconhecida. É imprescindível garantir que as práticas empresariais beneficiem todas as partes interessadas, as comunidades locais, os trabalhadores, e, especialmente a população mais vulnerável aos eventos climáticos extremos e ao acirramento das desigualdades no planeta.

---

consideram o impacto das atividades empresariais sobre a sociedade e o meio ambiente, abrindo caminho para modelos mais integrados e regenerativos de gestão.

A ética deve ser entendida de uma forma mais ampla: para a manutenção da vida humana no planeta, ela deve estar no centro das decisões empresariais. Agir com integridade, transparência e responsabilidade, sempre buscando o bem comum, é fundamental. Entender que a organização faz parte de um ecossistema muito maior é imprescindível. Para esta jornada, o papel do Conselho de Administração é crucial e a sua responsabilidade se amplia, afinal ele atua como guardião do propósito organizacional, da cultura, da estratégia e do próprio sistema de Governança Regenerativa. O Conselho, como a mais alta instância de governança das organizações, precisa compreender a importância de promover e apoiar a transformação dos negócios para que se tornem motores de impacto positivo e regeneração.

Em conversa com Ricardo Young, ele expõe que essa ética exige não apenas conformidade com normas, mas consciência profunda do papel da liderança nas relações sistêmicas e da responsabilidade com o todo.

> *Ética, comportamento e caráter convergem com valores. Valores precisam ser explicitados o tempo todo, pois são eles que orientam a conduta em ecossistemas diversos.*
> *– Ricardo Young, sócio-diretor da CTI – Cultura, Transição e Integridade, além de presidente do Instituto Democracia e Sustentabilidade (IDS) e da Carta da Terra Brasil*[52]

Quando perguntado na entrevista acerca desse aspecto, John Elkington propôs que as lideranças corporativas passem a operar em uma lógica de criação de valor regenerativo, o que exige uma mudança

52 Ricardo Young é empresário, professor e conselheiro com atuação destacada em sustentabilidade, ESG e transformação cultural. Sócio-diretor da CTI – Cultura, Transição e Integridade, preside o Instituto Democracia e Sustentabilidade (IDS) e a Carta da Terra Brasil, além de ter fundado e presidido o Instituto Ethos. É professor e membro do comitê de ética no IBGC, e já integrou conselhos de empresas como Fibria, Kimberly-Clark e Santander, além de instituições como GRI, ISE/B3 e AccountAbility.

radical de perspectiva. Ele provoca: "O pensamento regenerativo exige pensar mais profundo, mais amplo, mais longo – e diferente. É isso que o futuro demandará de nós".

A liderança deve estar aberta à inovação e à mudança, buscando constantemente novas maneiras de melhorar e regenerar os sistemas existentes. Investir em tecnologias sustentáveis e práticas empresariais inovadoras é crucial. A regeneração requer colaboração entre diferentes setores e disciplinas. Os líderes devem estar dispostos a trabalhar em conjunto com outras empresas, governos, organizações da sociedade civil (OSCs) e comunidades para alcançar objetivos comuns. Finalmente, os líderes devem focar na longevidade e na resiliência dos negócios, contribuindo para a regeneração e repensando o propósito de suas organizações diante de seu impacto e influência no meio onde operam.

Como bem coloca Ricardo Young, a liderança regenerativa é sustentada por pilares como autoconhecimento, alteridade e visão de longo prazo. Conforme ele afirma durante a nossa conversa, "o líder regenerativo precisa se conhecer profundamente para exercer um papel dialógico no ecossistema. Sem essa consciência, não há conexão autêntica com os outros elementos do sistema".

O propósito é o que mantém o ecossistema de pé. As organizações precisam ser guiadas por um conjunto de valores claros que sejam atratores desse ecossistema. – Ricardo Young, líder empresarial e vice-presidente da Carta da Terra Brasil

---

Nosso desafio geracional é tornar as formas resilientes e regenerativas de geração de riqueza não apenas possíveis, mas inevitáveis. – John Elkington

---

Não há mais espaço para as organizações conduzirem seus negócios sem um propósito como guia, sem entenderem profundamente a razão de sua existência e sua contribuição para o planeta, para as pessoas e demais *stakeholders* (no decorrer desta obra propomos um novo olhar para os *stakeholders*). Os negócios precisam conhecer a fundo suas externalidades positivas e negativas, assim como o Conselho de Administração precisa ter consciência dos impactos do negócio e da necessidade de adaptação e mudança para uma Governança Regenerativa.

A jornada da Governança Regenerativa requer um novo olhar, um olhar sistêmico e regenerativo, com uma abordagem adaptada a cada organização. Não há uma receita universal; a Governança Regenerativa desafia o *business as usual* e propõe uma visão sistêmica integrada, que não apenas considera os interesses econômicos, o reconhecimento dos impactos ambientais e sociais, mas também assume a corresponsabilidade na regeneração dos ecossistemas. Aqui não cabe o *one size fits all* e a ideia não é trazer uma receita pronta. Cada organização é única e deve adaptar os princípios da Governança Regenerativa conforme suas particularidades.

Justamente por isso comecei a estudar mais a fundo sobre a interseção entre governança corporativa e liderança regenerativa e, para enriquecê-la, busquei trazer perspectivas diversas e complementares de algumas lideranças no Brasil e no exterior, que estão protagonizando a transição para modelos de governança mais conscientes e regenerativos.

Ao longo do processo de pesquisa e escrita, dialoguei com profissionais de diferentes setores, cujas experiências reais, dilemas estratégicos e aprendizados no enfrentamento dos desafios contemporâneos ajudaram a contextualizar os conceitos aqui apresentados. As reflexões contidas nesta obra nascem, assim, da junção entre as minhas vivências, uma escuta atenta e qualificada e das observações críticas da evolução da governança no cenário atual.

Vale ressaltar que este livro é voltado para conselheiros, membros de comitê, lideranças empresariais, profissionais de sustentabilidade, consultores, gestores e todos que desejam transformar a governança corporativa a partir de uma perspectiva regenerativa. Por fim deixo um alerta: **ao ler este livro** é importante **manter a mente aberta e flexível, pois ele apresenta uma abordagem inovadora e transformadora para a governança corporativa.**

Ao adotar essa nova perspectiva, os leitores são convidados a repensar suas práticas e a considerar novas formas de operar que promovam a regeneração, indo além da sustentabilidade corporativa. Isso requer uma disposição para questionar o *status quo,* explorar novas ideias e estar aberto a mudanças significativas. O objetivo é que, ao final da leitura, você esteja apto a questionar o modelo tradicional de governança corporativa que está inserido e comece a trilhar seu próprio caminho da regeneração com clareza, coragem e propósito.

Portanto, esteja aberto para novas ideias, ampliação do conhecimento e ao desejo de começar uma jornada regenerativa. Espero que esta obra inspire líderes e conselheiros a assumirem o papel de protagonistas na transformação de modelos tradicionais de governança corporativa para um futuro mais sustentável e regenerativo.

Boa leitura!

Boa regeneração!

1

INTRODUÇÃO: RAZÕES PARA FALAR SOBRE GOVERNANÇA REGENERATIVA

O maior perigo em tempos de turbulência não é a turbulência em si – é agir com a lógica de ontem.
– Peter Drucker

Por que precisamos falar de Governança Regenerativa? Convido você a refletir alguns minutos sobre essa pergunta.

Vivemos em uma era marcada por crises interdependentes: colapso climático, perda de biodiversidade, desigualdade social crescente, erosão da confiança institucional, tensões geopolíticas, guerras em pleno século XXI,[53] e esgotamento de recursos naturais. Vários limites planetários foram rompidos e os desequilíbrios sociais, ampliados. Es-

53 Este livro foi elaborado em um contexto global marcado por profundas instabilidades geopolíticas e humanitárias. À época da escrita, o mundo acompanhava os desdobramentos das guerras entre Rússia e Ucrânia e entre Israel e Palestina, além de conflitos armados civis persistentes, como os da Síria e da República Democrática do Congo. Esses acontecimentos evidenciam a fragilidade dos sistemas atuais e a urgência de repensar as formas de governança, buscando soluções que regenerem o tecido social e respeitem os limites planetários.

tes fenômenos não são eventos isolados – são sintomas de um sistema que opera sob uma lógica exaustiva, extrativista, linear e descolada dos princípios da função social e do bem comum.

Para o enfrentamento de tais problemas, há uma necessidade de respostas plurais, em que o envolvimento das organizações é crucial. Embora governos e sociedade civil tenham o seu papel, é impossível ignorar o protagonismo das empresas nesse processo de transformação.

O entendimento de que as empresas são importantes atores econômicos para a solução dos desafios contemporâneos é pacífico e unânime há muitos anos. As empresas são atores centrais da economia global. Muitas delas têm faturamento superior ao PIB de países inteiros. Como apontam dados do Institute for Policy Studies,[54] em 2018, 69 das 100 maiores entidades econômicas do mundo eram empresas, e não Estados-nação. Dados mais recentes da *Fortune* (2023)[55] confirmam essa tendência, com empresas como Walmart e Amazon apresentando faturamentos superiores ao de países como Noruega e Israel. Colin Mayer, em seu livro *Prosperity – better business makes the greater good*[56] deixa bem claro:

> *"As empresas são criadoras de riqueza, são empregadoras, entregam novas tecnologias, nos proveem com bens e serviços que necessitamos e desejamos. São estas organizações que nos vestem, nos alimentam, nos transportam e nos fornecem moradia. São elas que contribuem para a prosperidade econômica e o desenvolvimento de nações ao redor do globo. Ao mesmo tempo, são estas empresas que geram desigualdades, inequidades, privação e degradação ambiental, e os problemas têm piorado ao longo dos anos, pois estas empresas têm crescido tanto a ponto de ficarem maiores que muitos países ao redor do mundo". (Mayer, 2018, p. 2).*

54 Institute for Policy Studies, 2018.

55 Fortune Media, 2023.

56 Colin Mayer destaca o papel central das empresas na sociedade contemporânea, enfatizando sua capacidade de gerar riqueza, empregar pessoas, desenvolver tecnologias e suprir necessidades essenciais. Mayer, 2018.

Embora as grandes corporações concentrem boa parte do poder econômico global, a responsabilidade pelo impacto sistêmico não se restringe a elas. Organizações de todos os tamanhos e setores – das *startups* às cooperativas, das empresas familiares aos conglomerados multinacionais – fazem parte de redes complexas que influenciam diretamente os territórios onde atuam, as relações de trabalho, as cadeias de valor e os fluxos de recursos. Sua forma de operar molda comportamentos, culturas e decisões em níveis locais e globais.

Neste sentido, é fundamental reconhecer que **qualquer organização**, independentemente de seu porte, carrega consigo um papel ativo na construção (ou deterioração) de realidades sociais e ecológicas. Esse paradoxo – entre o poder transformador e os impactos destrutivos das corporações – nos leva a refletir sobre a base que sustenta suas decisões e orienta suas prioridades: a governança corporativa.

A forma tradicional de governança, que prioriza lucros de curto prazo e responde majoritariamente a interesses de sócios ou acionistas, mostra-se cada vez mais insuficiente – e, em muitos casos, conivente com a intensificação das crises contemporâneas. Nesse contexto, não se trata apenas de mitigar as externalidades[57] negativas das decisões empresariais, mas de reconfigurar os mecanismos de governança corporativa que permitem – ou mesmo incentivam – que tais externalidades continuem a ser produzidas e/ou ignoradas sistematicamente.

Sob uma lente ampliada, torna-se evidente que as crises citadas anteriormente são também crises de governança – entendida aqui como a forma como o poder é exercido, as decisões são tomadas, os sistemas relacionados e a forma como os interesses são representados. **Arrisco dizer que a governança corporativa tradicional se tornou disfuncional diante da complexidade dos desafios desta nova era.**

Também na leitura de Ricardo Young, a crise atual é uma crise de valores. Ele identifica a necessidade de transitar de uma lógica empre-

---

57 Externalidades são efeitos colaterais de uma atividade econômica que impactam terceiros não diretamente envolvidos nessa atividade. Podem ser positivas, como a polinização feita por abelhas de um apicultor que beneficia agricultores vizinhos, ou negativas, como a poluição gerada por uma fábrica que afeta a saúde de moradores da região.

sarial linear para uma abordagem que compreenda o ecossistema como um todo, adotando princípios como interdependência, colaboração e inteligência coletiva.

É perceptível que a forma de se discutir a governança corporativa ainda não está suficientemente alinhada com as necessidades urgentes de regeneração e *accountability*,[58] levando a um descompasso entre o discurso e a ação.

Embora haja muitas discussões sobre o papel das organizações dentro de seus ecossistemas (entendido como o conjunto de relações que mantêm com seus *stakeholders* e o ambiente natural), essas discussões muitas vezes não aprofundam as questões estruturais e práticas que precisam ser abordadas, tais como as que promovem a regeneração.

Ou seja, fala-se sobre como as organizações devem incorporar perspectivas ou assumir responsabilidades[59] ambientais, climáticas e sociais, mas o discurso muitas vezes fica no nível superficial ou apenas voltado para interesses econômicos de públicos prioritários, como um *checklist* para atender a regulação, por exemplo, sem propor mudanças concretas e profundas na forma como estas organizações são dirigidas e se integram com seu entorno. Muitas vezes, a adoção de práticas de sustentabilidade tem foco em reduzir riscos de negócios ou atender às expectativas de investidores, mas não em realmente transformar ou regenerar os sistemas dos quais as empresas fazem parte.

---

58 *Accountability* é um conceito que vai além da simples prestação de contas. Refere-se à obrigação ética, institucional e operacional de responder por decisões, resultados e impactos – com transparência, coerência e consequências. Envolve responsabilidade ativa, comunicação clara com *stakeholders* e disposição para correção de rumos. *Accountability* é um dos princípios da boa governança e da confiança organizacional.

59 O termo ASG – Ambiental, Social e Governança (do original em inglês ESG: Environmental, Social and Governance) – foi popularizado a partir de um relatório publicado em 2004 pelo Pacto Global da ONU em parceria com o Banco Mundial, intitulado *Who Cares Wins*. O documento propunha que a integração de fatores ambientais, sociais e de governança nos processos de decisão de investimento levava a mercados mais sustentáveis e melhores resultados de longo prazo. Desde então, o conceito se consolidou como referência para avaliação de riscos e oportunidades não financeiros em empresas e fundos de investimento. Nos últimos anos, o ASG vem sendo amplamente adotado por investidores, agências reguladoras e companhias, ainda que com interpretações e níveis de comprometimento bastante variados.

Porém, para viabilizar um desenvolvimento que seja de fato sustentável, é necessário adotar práticas que não apenas reduzam os impactos negativos, mas que promovam a regeneração dos recursos naturais e sociais, garantindo a resiliência e a prosperidade em longo prazo. Essas soluções perpassam pela governança, que conforme a Organização para a Cooperação e o Desenvolvimento Econômico - OCDE, é imprescindível para o fortalecimento das organizações, do mercado e consequentemente do desenvolvimento dos países, numa tríade importante como demonstrado na figura abaixo:

Figura 1 – Melhores práticas de Governança Corporativa

Fonte: Adaptado de Rossetti (2019).

Logo, a forma de se dirigir os negócios, o olhar para a governança corporativa é imprescindível para a transformação que se faz tão necessária e urgente. Parafraseando o título do livro do Colin Mayer (2018): "precisamos de negócios melhores para alcançarmos o bem maior para a humanidade". As organizações empresariais são importantes peças neste quebra-cabeça.

Assim, é válido questionarmos sobre como as organizações podem se envolver de maneira mais profunda e sistêmica nos desafios atuais, repensando a governança corporativa. Este livro se propõe a preencher essa lacuna e propor a sua aplicação prática.

Uma governança comprometida com a regeneração vai muito além de um gesto moral ou voluntarista – e, se por acaso você pensou assim, é importante rever esse ponto.

Ela representa uma vantagem estratégica real. Em um cenário em que o valor de mercado está cada vez mais conectado à capacidade de gerar impactos positivos para as pessoas e para o planeta – e não apenas retorno financeiro –, as empresas que revisarem de forma profunda seus modelos de governança estarão à frente. Elas não apenas sobreviverão aos novos tempos, mas prosperarão com um propósito claro e uma base sólida de valor para todas as suas partes interessadas, por meio de práticas regenerativas.

O conceito de regeneração que fundamenta este livro é construído a partir das contribuições de diversos pesquisadores[60] que aplicaram essa lógica em áreas como economia, liderança e design de culturas regenerativas.

Portanto, o conceito de **Governança Regenerativa**, tal como explorado neste livro, amplia significativamente a compreensão do papel das organizações dentro dos ecossistemas social e ambiental. Mais do que simples administradoras de seus próprios interesses, as organizações são chamadas a **atuar como agentes ativos de transformação positiva**, assumindo a responsabilidade de contribuir para a saúde, a vitalidade e o florescimento dos ecossistemas dos quais fazem parte.

Essa abordagem rompe com a lógica da minimização de danos – típica de modelos tradicionais, degenerativos ou mesmo de governança que consideram aspectos ambientais, sociais e climáticos, mas de forma superficial – e propõe um novo patamar de compromisso: **o de regenerar, restaurar e evoluir ativamente os ecossistemas em que operam**.

---

60 O conceito de regeneração utilizado considera contribuições de diversos autores e pensadores, como Carol Sanford, que explora a regeneração em liderança e gestão organizacional; Daniel Christian Wahl, com foco em design regenerativo e culturas resilientes; John Fullerton, que desenvolve os princípios da economia regenerativa; e Bill Reed, pioneiro no campo do design regenerativo aplicado à arquitetura e ao urbanismo. Esses autores compartilham uma abordagem sistêmica e integrada que busca restaurar, revitalizar e evoluir os sistemas vivos – naturais, sociais e econômicos —, a partir de relações de interdependência e valor compartilhado.

O QUE É REGENERAÇÃO?

Conforme os principais dicionários da língua portuguesa, o conceito de "regeneração" está relacionado a processos de renovação e restauração. Veja algumas definições:

Dicionário Michaelis: "Ato ou efeito de regenerar; renovação, transformação, particularmente no sentido de melhoria. Em biologia, refere-se à capacidade que certos organismos têm de restaurar partes do corpo perdidas ou danificadas".

Dicionário Aurélio: "Ação ou efeito de regenerar-se; transformação em algo melhor, moralmente superior".

Dicionário Priberam: "Ato ou efeito de regenerar(-se). Pode se referir a uma melhora moral ou à capacidade de certos organismos de recomporem partes perdidas".

Essas definições compartilham a ideia de transformação, seja em um contexto biológico (restauração de partes do corpo), seja em um sentido moral ou de melhoria. Por outro lado, no contexto empresarial, a regeneração propõe um enfoque mais proativo e transformador: as empresas não só devem evitar causar danos, mas também atuar como agentes de renovação e restauração em seu meio, tanto para o meio ambiente quanto para as comunidades em que operam.

O ponto de partida para essa discussão é aprofundado nos próximos capítulos deste livro.

No Capítulo 2, discutiremos o Antropoceno e os desafios emergentes para os negócios. Neste capítulo, discutiremos sobre como o que chamo de "a era da supremacia humana", nos trouxe à beira de uma crise ecológica e social sem precedentes, forçando a revisão de modelos econômicos, sociais, ambientais e, claro, de governança corporativa. Além de reconhecer a gravidade das externalidades negativas causadas pelas atividades humanas, especialmente as empresariais, abordaremos a necessidade de ir além de simplesmente reduzir danos: é crucial regenerar os sistemas que sustentam a vida no planeta, antes de chegarmos a um ponto de não retorno.

No Capítulo 3, trataremos sobre a mudança no paradigma da sustentabilidade nos negócios, considerando a regeneração como um passo mais ambicioso e que vai além da mitigação dos impactos.

No Capítulo 4, falamos sobre Economia Regenerativa, abordagem que explora como as práticas econômicas podem restaurar ecossistemas, criando prosperidade duradoura. Essa abordagem cria um modelo de interdependência e coesão entre economia e sociedade. Em linha com essa abordagem, propomos a evolução do papel dos *stakeholders* para "*careholders*",[61] aqueles que se preocupam e cuidam do bem-estar do todo, conceito sugerido a partir de uma provocação feita para mim por Michelle Holliday (a qual abraço e exploro de forma mais aprofundada neste livro), que sugere uma visão de rede colaborativa e interdependente entre todas as partes interessadas com a finalidade compartilhada de busca do bem comum e da preservação do planeta. Ao final do capítulo, trago uma discussão que busca colocar as organizações no centro de uma reflexão sobre propósito, como parte integrante do pensamento sistêmico, crucial para viabilizar a Governança Regenerativa. Destaco ainda a importância do olhar para a cultura organizacional no desenho da estratégia corporativa.

No Capítulo 5, apresento a evolução da Governança Corporativa para a Governança Regenerativa, explicitando como transicionar de uma abordagem tradicional para a regenerativa. Há um detalhamento sobre conceitos e princípios e suas convergências e divergências, destacando como as práticas regenerativas trazem uma nova visão para lidar com as pressões sociais e ambientais crescentes.

O Capítulo 6 traz para o foco da discussão a prática de *Stewardship* Regenerativo e mostra como as organizações podem se tornar verdadeiros guardiões do planeta, criando valor além dos interesses de curto prazo. Na Liderança Regenerativa, veremos como novos modelos de li-

---

61 *Careholders* é a evolução do termo *stakeholders* e consiste naqueles públicos de interesse que se preocupam e cuidam do bem-estar do todo, atuando em colaboração como uma grande rede.

derança mais colaborativos e diversificados estão emergindo, e como a Cultura Regenerativa está reorientando organizações e comunidades para um modelo de interdependência e coesão.

Finalmente, no Capítulo 7, discutiremos as reflexões finais e caminhos para o futuro, mostrando como é possível criar valor no longo prazo ao integrar a regeneração como parte central da estratégia organizacional.

Esses capítulos formam a base para uma discussão ampla e profunda sobre como a Governança Regenerativa pode inaugurar uma nova era de responsabilidade ecológica, prosperidade econômica e equidade social.

A governança corporativa, neste novo paradigma, passa a ser norteada por um propósito claro e ético. As organizações, tanto públicas quanto privadas, não podem mais operar apenas em busca de lucro ou maior eficiência, mas precisam alinhar suas estratégias a um propósito maior, capaz de gerar valor para todas as partes interessadas e para o próprio planeta. Ao aplicar a abordagem sugerida neste livro, empresas e instituições evoluem, os órgãos e agentes de governança ampliam a consciência e estabelecem laços mais profundos com a natureza, com as comunidades e com o futuro.

Em suma, este livro explora essa jornada de transformação, desvendando como a governança corporativa pode evoluir de um sistema focado em monitoramento, controles e resultados, muitas vezes de curto e médio prazos, para um modelo orientado por um propósito maior, regenerativo, no qual a ética para a afirmação da vida no planeta é a base para a Governança Regenerativa.

2

ANTROPOCENO – A "ERA DA SUPREMACIA HUMANA" E OS DESAFIOS EMERGENTES PARA OS NEGÓCIOS

"O futuro está sendo moldado pela qualidade da atenção que trazemos ao presente." - Otto Scharmer

A crescente influência humana sobre os sistemas naturais tem gerado transformações drásticas no planeta - do clima à biodiversidade - ao ponto de muitos cientistas proporem o reconhecimento do Antropoceno: uma nova era geológica marcada pela supremacia da ação humana. Essa nova etapa se caracteriza por alterações profundas nos ciclos biogeoquímicos, perda de biodiversidade, crises climáticas e degradação ambiental, exigindo uma reavaliação dos modelos de desenvolvimento.

Segundo me conta Carlos Nobre em uma longa, prazerosa e rica conversa, ele acredita na existência de uma era cujas mudanças no ecossistema planetário são causadas pelas atividades humanas, a qual alguns cientistas chamam de Antropoceno. Para ele o Antropoceno se diferencia radicalmente de outras eras geológicas pela velocidade das transformações induzidas por uma única espécie: a humana.

"Estamos causando mudanças no clima da Terra em décadas, o que no passado só acontecia em escalas de milhares ou milhões de anos. Essa aceleração sem precedentes amplia os riscos ecológicos e exige ação imediata das lideranças empresariais". Carlos Nobre - Cientista, brasileiro referência em clima e ciências do sistema terrestre, um dos guardiões planetários.

Enfrentamos crises interconectadas que afetam especialmente as comunidades mais vulneráveis, exigindo coragem, compromisso e empatia para repensar práticas e buscar soluções que ultrapassem metas corporativas, promovendo uma sustentabilidade profunda e duradoura.

A velocidade das mudanças ambientais atuais, no entanto, revela a limitação da abordagem de sustentabilidade tradicional. Segundo Carlos Nobre, vivemos uma transformação sem precedentes, em que a temperatura média do planeta pode ultrapassar níveis não registrados há milhões de anos. Essa mudança, que antes ocorria em escala geológica, hoje acontece em poucas décadas, colocando em risco a sobrevivência de inúmeras espécies, inclusive a humana.

"Estamos provocando um aquecimento global que, se atingir 8 a 10 graus até meados do século, poderá tornar vastas regiões do planeta inabitáveis. Isso não é mais uma possibilidade remota - é uma realidade científica. Pela primeira vez, uma espécie viva está promovendo mudanças que antes só ocorriam por fenômenos naturais em milhares ou milhões de anos" - alerta com propriedade o Prof. Carlos Nobre, cientista climático brasileiro.

Nesse contexto, ele reforça que a regeneração deve ser mais do que um conceito teórico: trata-se de uma necessidade prática e ética. É preciso adotar um modelo econômico e empresarial que interrompa esse ciclo destrutivo e atue diretamente na restauração dos sistemas de suporte à vida.

Apesar de o conceito parecer distante para parte do meio empresarial, compreender o Antropoceno é essencial para antecipar riscos e identificar oportunidades. A nova era deveria integrar análises de cenários e projeções de longo prazo, pois exige das empresas mais do que resultados: demanda propósito. Conselheiros e lideranças corporativas enfrentam o desafio de ressignificar a prosperidade e transformar a governança em um pilar regenerativo e responsável. Nessa perspectiva, liderar não é apenas administrar, mas regenerar e influenciar positivamente, com um legado alinhado aos desafios do presente e do futuro.

Um dos maiores entraves à mudança, segundo Carlos Nobre, está na força política e econômica do setor de combustíveis fósseis. Segundo ele, mesmo após trinta anos de conferências climáticas, o setor ainda recebe os maiores volumes de financiamento, e a transição energética segue lenta demais diante da urgência.

As transformações ambientais do Antropoceno impõem riscos como escassez de recursos, instabilidade climática e custos operacionais crescentes, mas também abrem espaço para estratégias resilientes, investimentos em tecnologias sustentáveis e práticas regenerativas. Incorporar essa visão no planejamento de longo prazo ajuda a preparar as organizações para um futuro incerto e competitivo, que exige responsabilidade socioambiental e adaptação constante (Rockström *et al.*, 2009).

Carlos Nobre enfatiza que o risco de ultrapassarmos 1,5 °C de aquecimento global até 2030 já não é mais hipotético. Segundo ele, em 2023 e 2024, já registramos temperaturas médias acima dessa marca, antecipando cenários climáticos extremos previstos para décadas à frente. Este cenário exige uma mudança de paradigma na governança empresarial, centrada na regeneração e no cumprimento de metas mais ambiciosas.

Discutir o Antropoceno em um livro sobre Governança Regenerativa faz total sentido e amplia o valor do conhecimento compartilhado. A compreensão desse novo tempo demanda uma visão crítica sobre as eras geológicas e o impacto sem precedentes das atividades humanas no planeta. Ao longo da história da Terra, as eras geológicas foram definidas por eventos naturais com efeitos profundos no clima, ecossistemas e composição atmosférica.

O Holoceno, iniciado há cerca de 11.700 anos, que precedeu o Antropoceno, é caracterizado por uma relativa estabilidade climática que permitiu o surgimento da agricultura e o florescimento da civilização humana.

A transição do Holoceno para o que se convencionou chamar de Antropoceno representa, segundo Carlos Nobre, uma ruptura sem precedentes: pela primeira vez, uma espécie viva - a humana - tornou-se a principal força de transformação do clima em uma velocidade que, antes, só era observada em eventos naturais de escala milenar. O novo padrão climático, impulsionado pela ação humana, não apenas rompe com a estabilidade que sustentou a vida como a conhecemos, mas pode levar à extinção de espécies e tornar vastas áreas do planeta inabitáveis até meados do século, caso não haja reversão.

A ciência aponta para efeitos devastadores, como o colapso de ecossistemas e a sexta grande extinção em massa. "Se a temperatura média aumentar entre 8 °C e 10 °C até o final do século, a Terra poderá se tornar inabitável para a maioria das espécies, inclusive a humana", alerta Carlos Nobre.

A ampla evidência científica das mudanças causadas pela humanidade no clima, biodiversidade, ciclos biogeoquímicos e padrões de sedimentação reforça a necessidade de reconhecer o Antropoceno (Zalasiewicz *et al.*, 2011).

A proposta de uma nova era geológica vem sendo discutida desde o início dos anos 2000 por cientistas como Paul Crutzen[62] e Eugene Stoermer,[63] que criaram o termo "Antropoceno" para descrever a era

---

62 Paul Crutzen foi um renomado químico atmosférico, vencedor do Prêmio Nobel de Química em 1995, conhecido por sua contribuição ao estudo da camada de ozônio. Ele é amplamente reconhecido por popularizar o termo Antropoceno no início dos anos 2000, ao propor que as atividades humanas estavam causando impactos tão profundos no planeta que justificariam a definição de uma nova era geológica.

63 Eugene Stoermer foi um biólogo e limnólogo norte-americano que, junto com Paul Crutzen, ajudou a cunhar o termo Antropoceno. Stoermer utilizava o conceito em seus estudos sobre o impacto humano nos ecossistemas aquáticos antes de Crutzen popularizar a ideia. Ele destacou como as atividades humanas estavam modificando os ciclos naturais de maneira irreversível, sendo um dos primeiros a associar essas mudanças a uma nova era geológica.

geológica atual, marcada pela influência dominante das atividades humanas sobre o planeta. O termo sugere que a humanidade se tornou uma força geológica capaz de alterar profundamente os sistemas físicos, químicos e biológicos da Terra.

O fato é que, independentemente de se reconhecer ou não o Antropoceno como uma nova era geológica, o ambiente de negócios não está isolado da realidade representada pelas mudanças climáticas. Empresas estão sendo pressionadas a atuar de forma colaborativa e propositiva. Cientistas alertam para a urgência de ações coletivas, políticas públicas rigorosas e regeneração ambiental.

A nova era traz também oportunidades para negócios com visão orientada à resiliência e durabilidade, substituindo a lógica de curto prazo focada no lucro por estratégias que gerem valor ambiental e social. Ainda que setores tradicionais da economia resistam à transformação, focando no crescimento econômico imediato, muitas vezes à custa do meio ambiente, organizações de vanguarda, como Patagônia, Natura, Korin e Dengo – cujos *cases* serão apresentados neste livro –, têm integrado a regeneração em suas estratégias, conscientes de que operar dentro dos limites ecológicos é essencial à resiliência de longo prazo. Empresas devem adotar sistemas que fortaleçam sua resiliência diante de mudanças climáticas, escassez de recursos e instabilidades sociais, construindo um posicionamento voltado ao futuro.

Mais do que mitigar impactos, a questão-chave passa a ser: como as organizações podem contribuir ativamente para a regeneração da vida na Terra? **Essa é a base da Governança Regenerativa: liderar com o compromisso de criar realidades em que prosperidade, justiça e equilíbrio ecológico estejam no centro das decisões. Trata-se de avançar rumo a uma abordagem holística e integrada da governança – que não apenas evite danos, mas que promova a revitalização de ecossistemas e a regeneração das relações entre natureza e sociedade**.

ANTROPOCENO: 7 PERGUNTAS ESTRATÉGICAS PARA CONSELHOS E LIDERANÇAS

Ao longo do capítulo, discutimos o Antropoceno não apenas como um conceito geológico, mas como um novo cenário de negócios: um tempo em que as empresas são forçadas a operar em um planeta alterado pela ação humana, com riscos sistêmicos e responsabilidades inéditas. Nesse contexto, adaptar modelos mentais e estruturas de governança é mais do que uma escolha estratégica – é uma questão de sobrevivência e relevância.

O box **"7 Perguntas Estratégicas para Conselhos e Lideranças"** foi elaborado como uma ferramenta reflexiva para apoiar executivos de alto nível, conselheiros e tomadores de decisão no processo de internalização prática dos desafios e implicações do Antropoceno. Em vez de oferecer respostas prontas, ele propõe **perguntas que provocam revisões profundas de propósito, operação e cultura organizacional**, alinhadas à lógica da regeneração.

1. **Nossa estratégia considera os limites planetários como restrições operacionais reais ou ainda os tratamos como externalidades distantes?**
   → O conceito de Antropoceno revela que ultrapassar esses limites afeta diretamente a viabilidade do negócio.

2. **Estamos preparados para operar em um cenário de escassez de recursos naturais essenciais à nossa cadeia de valor?**
   → A previsibilidade da operação depende cada vez mais de resiliência hídrica, energética e de insumos biológicos.

3. **Como os impactos climáticos e sociais das nossas atividades afetam as comunidades mais vulneráveis? E qual é a nossa corresponsabilidade?**
   → Negligenciar essa pergunta mina a licença social para operar e desvaloriza a reputação da marca.

4. **Temos mecanismos formais de escuta e engajamento com *stakeholders* (*careholders*) além de investidores e consumidores?**
→ Mapear e dialogar com *careholders* é vital para mitigar riscos socioambientais sistêmicos.

5. **Estamos financiando inovação para soluções baseadas na natureza, entre outras como: biomimética, *cradle to cradle*,[64] e tecnologias regenerativas?**
→ A vantagem competitiva na nova era está na capacidade de gerar valor restaurando, e não apenas mitigando.

6. **A cultura da nossa organização reconhece a interdependência entre negócio, natureza e sociedade?**
→ Sem essa consciência, estratégias de regeneração tendem a ser superficiais e pouco transformadoras.

7. **Como será nossa contribuição concreta para deixar um planeta habitável para as próximas gerações?**
→ Essa é a pergunta-chave da Governança Regenerativa. E precisa sair do discurso, entrar na estratégia e reverberar em ação efetiva.

64 "*Cradle to Cradle*" (do berço ao berço) é um conceito de design sustentável que propõe ciclos de produção em que os materiais são continuamente reutilizados ou reintegrados à natureza, sem gerar resíduos. Em contraste, o modelo tradicional "*Cradle to Grave*" (do berço ao túmulo) descreve um ciclo linear, no qual os produtos são descartados ao final de sua vida útil, frequentemente causando impactos ambientais.

3

O PARADIGMA DA SUSTENTABILIDADE MUDOU: REGENERAÇÃO EM PERSPECTIVA

"Colocar a regeneração em perspectiva significa adotar um novo olhar, considerando-a como um conceito mais avançado que a sustentabilidade tradicional diante da nova era de desafios. Esta última tem focado em não prejudicar ou manter o que já existe para as gerações futuras. Já a regeneração, em contraste, propõe restaurar, revitalizar e renovar sistemas naturais, sociais e econômicos. Assim, colocá-la em perspectiva implica considerar seu papel mais ambicioso e transformador, enxergando-a como o próximo passo lógico e necessário aos negócios." Gabriela Blanchet, autora

Nos últimos anos, a visão de sustentabilidade nos negócios evoluiu para uma compreensão mais profunda sobre o papel das organizações em mitigar seus impactos negativos e contribuir para o meio em que operam. Isso é bom, pois reflete o esforço já realizado por diversos atores da economia para incorporarem a sustentabilidade em suas estratégias.

No entanto, uma mudança na compreensão do que é sustentável se faz necessária diante dos desafios já apresentados até aqui. Assim, o paradigma da sustentabilidade, que será aqui discutido, reflete uma nova visão sobre as práticas empresariais e a necessidade de ressignificá-las para enfrentar desafios complexos de forma sistêmica.

Na ciência, por exemplo, um paradigma influencia quais questões são consideradas importantes e quais métodos são aceitos para responder a essas questões. O conceito de paradigma foi amplamente discutido pelo filósofo Thomas Kuhn,[65] que destacou como os paradigmas podem mudar quando surgem novas descobertas ou crises que desafiam o pensamento vigente. Em linha com a prática atual, é notório que a sustentabilidade trouxe avanços significativos e uma maior conscientização sobre a implementação de práticas e políticas de eficiência energética, reciclagem como um caminho para a economia circular e a adoção de metas globais de descarbonização, entre outras práticas relevantes em aspectos socioambientais.

Organizações em todo o mundo começaram a medir e gerenciar suas pegadas ambientais, promovendo o uso consciente dos recursos e impulsionando iniciativas de responsabilidade social corporativa. Contudo, embora essas iniciativas tenham contribuído para a redução de danos, elas ainda se mostram insuficientes para reverter a degradação ambiental e promover a restauração dos ecossistemas para um futuro sustentável.

Tradicionalmente, as abordagens de sustentabilidade focaram na redução das externalidades negativas, ou seja, os efeitos colaterais indesejados das atividades econômicas, como poluição, degradação ambiental, emissão de gases de efeito estufa, entre outros. No entanto, conforme já mencionado, apenas mitigar esses impactos já não é mais suficiente para garantir um futuro sustentável, visto que será preciso uma abordagem que possa ir além para viabilizar a regeneração dos ecossistemas, refletindo uma mudança de paradigma na forma como as empresas e outros atores da sociedade, como governos e entidades do terceiro setor, abordam suas responsabilidades ambientais e sociais.

---

65 KUHN, Thomas S. *A estrutura das revoluções científicas.* 1ª ed. 1962. Trad. para o português: 5ª ed. São Paulo: Perspectiva, 1998.

A mudança de paradigma traz uma abordagem proativa e integrada de sustentabilidade empresarial, promovendo a regeneração com práticas que não apenas minimizam os danos, mas também restauram e revitalizam ecossistemas. Isso inclui a implementação de tecnologias e práticas que promovem a recuperação dos recursos naturais, como a biodiversidade e propagam a saúde dos ecossistemas.

Autores como John Fullerton[66] argumentam que a sustentabilidade tradicional, focada apenas na redução de danos, não é suficiente para enfrentar os desafios da crise climática, da perda de biodiversidade e da desigualdade social. O autor propõe uma abordagem que transcende a sustentabilidade, sugerindo que o foco não deve ser apenas "fazer menos mal", mas "fazer o bem", restaurando os sistemas que foram degradados.

Michelle Holliday, outra autora que discute ativamente o tema da regeneração nos negócios, promove a ideia de que as organizações podem ser vistas como sistemas vivos que cuidam da vida em todas as suas formas, e também argumenta que o papel das empresas vai além de minimizar danos – elas devem ser agentes de regeneração, criando as condições necessárias para que a vida floresça. A abordagem regenerativa visa curar os ecossistemas, revitalizando solos, florestas, cursos d'água e a própria relação das empresas com as comunidades.

De forma semelhante, Daniel Christian Wahl[67] ressalta que a sustentabilidade deve evoluir para uma visão mais ampla de regeneração. Ao adotar uma perspectiva regenerativa, as organizações podem contribuir para a criação de culturas e economias que revitalizam os ecossistemas e restauram a saúde planetária. Este novo paradigma reconhece a interdependência entre as atividades humanas e os sistemas naturais e propõe uma colaboração profunda entre organizações econômicas, comunidades e a natureza para garantir o bem-estar no longo prazo.

---

66 John Fullerton é fundador do Capital Institute e um dos principais defensores da Economia Regenerativa e seu trabalho explora como as finanças e o capitalismo podem ser reestruturados para promover a regeneração, com base em princípios ecológicos. Seu principal livro é *Regenerative Capitalism*: How Universal Principles and Patterns Will Shape the New Economy (2015).

67 Daniel Wahl é especialista em design regenerativo e sustentabilidade, conhecido por explorar como os sistemas econômicos e sociais podem ser regenerativos. Seu principal livro é *Design de Culturas Regenerativas* (Bambual Editora, 2016).

Reconheço que o conceito de regeneração pode soar disruptivo ou até distante para parte do público corporativo, especialmente diante de tantas outras urgências do dia a dia, muitas vezes até para a sobrevivência dos negócios. No entanto, seria uma omissão estratégica – e ética – ignorar o fato de que essa abordagem tem ganhado espaço nos principais fóruns empresariais e acadêmicos ao redor do mundo. Falar em regeneração é reconhecer que os modelos que nos trouxeram até aqui já não são suficientes para nos conduzir adiante. É compreender que a sustentabilidade, como tradicionalmente concebida, precisa evoluir.

Bill Reed observa que essa evolução depende de um deslocamento profundo de mentalidade, no qual as organizações deixam de "administrar impactos" para, de fato, cocriar condições para que a vida prospere. Para ele, a regeneração não é uma meta a ser alcançada, mas um processo contínuo de aprendizagem e adaptação, orientado pelo funcionamento dos sistemas vivos.

"A regeneração não é um destino final, é um processo vivo. Não se trata apenas de corrigir danos, mas de cocriar continuamente as condições para que a vida floresça." – Bill Reed, especialista em liderança e design regenerativo. Cofundador do Regenesis Group e do Capital Institute.

Este livro propõe justamente isso: um deslocamento de paradigma, um novo olhar sobre prosperidade, valor e responsabilidade. E sei que tal proposta exige abertura, escuta e, sobretudo, coragem intelectual. Portanto, convido você – executivo, conselheiro, líder empresarial, profissional de mercado – a atravessar essa leitura com disposição para questionar o conhecido e exercitar uma visão ampliada sobre o papel das organizações em tempos de profundas transformações. Que possamos não apenas entender o que a Governança Regenerativa significa, mas porque ela se torna inadiável.

O próprio criador do tão replicado e copiado tripé da sustentabilidade já ressignificou o conceito, como mencionado anteriormente. Em entrevista com John Elkington, conhecido como o "pai da sustentabilidade" e criador do conceito de *Triple Bottom Line*, que enfatiza a necessidade de equilibrar resultados econômicos, sociais e ambientais para alcançar um desenvolvimento verdadeiramente sustentável, ele explica que mudou seu foco do tripé da sustentabilidade para a regeneração.

Elkington acredita que a sustentabilidade tradicional, na forma como tem sido aplicada, não é mais suficiente para enfrentar os desafios globais atuais. Ele argumenta que precisamos ir além de apenas manter o *status quo* e, em vez disso, adotar práticas que regenerem e revitalizem sistemas sociais, econômicos e ambientais. Introduziu o conceito de "*Green Swans*", em que traz um novo olhar para o capitalismo que não apenas evita danos, mas também promove a regeneração e o crescimento sustentável. Ele vê a regeneração como uma evolução necessária para criar um futuro mais resiliente e próspero para todos.

Na entrevista, ele ressaltou que uma barreira significativa para a regeneração está no próprio funcionamento dos mercados atuais, que ainda premiam comportamentos degenerativos. Segundo Elkington, a ausência de incentivos estruturais para práticas regenerativas, aliada à lógica de curto prazo, limita a transição. Ele reforça que será necessário "redesenhar os mercados" para que a regeneração se torne o novo padrão.

Conforme dito por John Elkington, se a regeneração é a próxima onda que está por vir e o paradigma está mudando, então, a discussão que deve ser feita é: a mudança não se trata tanto de novos modelos de negócios, mas sim de novos modelos econômicos primeiro.

A economia regenerativa oferece, assim, um modelo econômico capaz de alinhar os sistemas ecológicos e sociais às práticas de negócios, representando um caminho crítico para enfrentar a crise ambiental e corrigir os excessos que já ultrapassaram os limites do planeta. Empresas que compreendem essa abordagem encontram novas oportunidades para inovação e crescimento sustentável, além de se alinharem às novas demandas globais de sustentabilidade e resiliência. Ao integrar a regeneração à estratégia de negócios, as organizações não só fortalecem suas operações, mas também contribuem para a construção de um futuro mais equilibrado e saudável, promovendo uma prosperidade que é compartilhada e inclusiva.

No contexto empresarial, a regeneração é proativa e transformadora. Afinal, quando pensamos em impactos negativos, há o entendimento de que é preciso adotar práticas que possam ir além da compensação ambiental, como por exemplo neutralizar emissões de GEE (*net zero*[68]). A prática regenerativa seria vinculada aos objetivos que visam restaurar e melhorar os sistemas climáticos e ecológicos, criando um impacto positivo líquido, em vez de apenas "zerar", neutralizar o impacto negativo.

Organizações que adotam esse modelo criam impactos líquidos positivos, em vez de simplesmente neutralizar os danos causados por suas operações. Isso requer uma mudança profunda na maneira como o sucesso é medido, envolvendo métricas que considerem a regeneração do capital natural, social e humano, em vez de focar unicamente na métrica de lucro financeiro. É, portanto, uma abordagem essencial para garantir que as ações humanas, tão questionadas por seus impactos, e por consequência das organizações, contribuam positivamente para o planeta, criando um ciclo virtuoso de restauração e renovação.

As organizações, tanto públicas quanto privadas, precisam evoluir para o paradigma da regeneração, pois ao adotar esse modelo, as empresas não só evitam prejudicar o meio ambiente e as comunidades, mas também criam condições para que ambos prosperem e se fortaleçam em um fluxo transversal e interconectado. Assim, regenerar implica restaurar o equilíbrio perdido e promover a saúde do planeta e das pessoas em longo prazo.

No entanto, para muitas organizações, essa transição pode parecer desafiadora. Um dos principais obstáculos é a visão limitada que muitas empresas ainda possuem, focando quase exclusivamente no lucro e na eficiência, ainda que possuam práticas usuais de sustentabilidade. Ao fazer isso, deixam de perceber que seu sucesso depende diretamente da integridade dos sistemas nos quais estão inseridas – sejam eles sociais, econômicos ou ambientais. Essa visão reducionista também prejudica as empresas ao ignorar a interdependência entre seus impactos e as par-

---

68 A expressão completa é *net zero carbon emissions*, que significa "zero emissões líquidas de carbono".

Quadro 1 - Sustentabilidade *x* Regeneração: esclarecendo a mudança de paradigma

	Sustentabilidade	Regeneração
Abordagem	Preventiva e conservadora, visando evitar e/ou mitigar danos adicionais. Apesar de ir além do *business as usual*, busca primordialmente garantir que as práticas atuais não causem mais externalidades negativas.	Proativa e restauradora, buscando reparar, regenerar e melhorar o que foi degradado. Vai além da sustentabilidade, com o objetivo de reverter danos e promover um impacto positivo ativo.
Objetivo principal	Manter o equilíbrio e minimizar os impactos negativos das atividades humanas.	Restaurar, revitalizar, regenerar e melhorar os ecossistemas e comunidades afetadas pelas atividades organizacionais.
Foco	Preservação dos recursos naturais, sociais e econômicos para as gerações futuras.	Recuperação, revitalização, regeneração e fortalecimento dos sistemas naturais e sociais.
Práticas comuns	Reciclagem e redução de resíduos, uso eficiente de recursos, energia renovável, responsabilidade social corporativa.	Restauração/regeneração de habitats, aumento da biodiversidade, fortalecimento das comunidades locais e organizacionais (empoderamento, colaboração, segurança psicológica), circularidade, práticas agrícolas regenerativas.
Exemplo prático	Uma organização pode criar uma agenda ou jornada climática para reduzir e compensar suas emissões de carbono e implementar programas de reciclagem na sua cadeia de valor.	A mesma organização pode financiar e implementar tecnologias que capturam e armazenam carbono diretamente da atmosfera, que restauram florestas degradadas e que contribuem para projetos de regeneração de solos agrícolas. Pode, ainda, adotar um modelo energético regenerativo, gerando mais energia renovável do que consome e reinvestindo essa energia em redes comunitárias. Assim, a jornada climática de uma empresa que atua com regeneração é mais ampla, sistêmica e transformadora.

Fonte: Elaborado pela autora (2025).

tes interessadas: funcionários, clientes, comunidades locais e, de maneira mais ampla, o ecossistema global.

Ao adotar práticas regenerativas, as empresas se posicionam como líderes de um novo paradigma de negócios, capaz de atender às demandas crescentes de consumidores e investidores que buscam por mais responsabilidade e transparência. Além disso, empresas regenerativas são mais resilientes e adaptáveis às rápidas transformações globais. Ao restaurar o equilíbrio ecológico e social nas regiões em que operam, elas criam ambientes mais estáveis para seus negócios. Isso as prepara melhor para enfrentar crises, como desastres ambientais ou mudanças regulatórias, que podem afetar diretamente a continuidade de suas operações. Um solo saudável, uma comunidade engajada e relações harmoniosas com os ecossistemas locais se traduzem em cadeias de fornecimento mais robustas, equipes mais comprometidas e uma imagem de marca mais forte.

Outro ponto relevante é que as práticas regenerativas podem abrir portas para novas oportunidades de inovação. Empresas que investem na regeneração frequentemente encontram soluções mais criativas e eficientes para problemas antigos, aproveitando-se de recursos que antes pareciam inacessíveis ou subutilizados. Elas também atraem talentos que estão alinhados com essa visão, engajando uma nova geração de profissionais comprometidos com um propósito maior.

A transição pode ser desafiadora, mas os benefícios de longo prazo, em termos de resiliência, inovação e reputação, são inquestionáveis. **Para superar a resistência inicial, é essencial que os líderes empresariais compreendam que a regeneração não é apenas uma questão de responsabilidade ambiental ou social – ela pode e deve ser uma estratégia de negócios robusta para prosperar em um mundo cada vez mais incerto e complexo.**

Portanto, a regeneração, nesse contexto, é um chamado para que as organizações assumam um papel mais ético e conectado com um propósito maior. Essa mudança de perspectiva exige que os conselhos de administração e as lideranças corporativas repensem suas estratégias. Não se trata apenas de aderir aos compromissos climáticos, como o *Net Zero*, ou metas sugeridas por organizações como a Science Based Targets Initiative – SBTi,[69] mas de ir além e adotar práticas regenerativas que, de fato, restauram o equilíbrio dos ecossistemas planetários. No longo prazo, iniciativas regenerativas não só beneficiam o planeta, mas também garantem a continuidade dos negócios, já que uma base de recursos naturais saudáveis é essencial para qualquer atividade econômica.

Bill Reed enfatiza que reconhecer a interdependência significa "mudar o modo de pensar a partir da lógica da separação para a lógica dos sistemas vivos". Essa transição, segundo ele, é o que permite que decisões corporativas passem a considerar simultaneamente os fluxos ecológicos, os vínculos sociais e a viabilidade econômica.

Além de práticas ambientais, a regeneração também abrange a restauração social. Essa abordagem faz com empresas estabeleçam laços profundos com as comunidades onde operam, promovendo a equidade, inclusão e o bem-estar coletivo. Um exemplo prático disso pode ser visto em iniciativas de desenvolvimento local, que criam oportunidades de emprego e investimento em regiões vulneráveis, promovendo a justiça social e econômica. O propósito regenerativo não apenas restaura o meio ambiente, mas também fomenta redes colaborativas e resilientes entre todas as partes interessadas.

> *"Quando plenamente cultivada, a prática mútua de cuidado se torna uma ação sagrada. É essa qualidade de liderança que cria as condições para inovação, novas possibilidades e resiliência sistêmica." – Michelle Holliday, pesquisadora e fundadora da Thrivable World.*

Para Bill Reed, o papel do líder regenerativo é criar as condições para que todos os elementos do sistema floresçam. Isso significa cul-

69 A Science Based Targets initiative (SBTi) é uma iniciativa global que mobiliza empresas a estabelecerem metas de redução de emissões de gases de efeito estufa com base na ciência climática, com o objetivo de alinhar as estratégias corporativas ao Acordo de Paris, limitando o aquecimento global a 1,5°C acima dos níveis pré-industriais.

tivar relações de confiança, promover processos colaborativos e tomar decisões orientadas por uma visão de longo prazo, mesmo diante de pressões imediatas.

Regeneração é, acima de tudo, uma forma de enxergar o futuro. Ela exige uma visão de longo prazo e um compromisso ético que transcende as métricas tradicionais de sucesso, como lucro e retorno sobre investimento. Podem conquistar, por exemplo, resiliência para enfrentar desafios complexos, como as mudanças climáticas e as crises sociais, pois entendem que sua própria sobrevivência está intrinsecamente ligada à regeneração dos sistemas que as sustentam.

Em síntese, reduzir ou zerar impactos negativos continua sendo essencial, mas o verdadeiro diferencial está na capacidade de regenerar. Governos, organizações sociais, empresas e, em especial, os conselhos de administração e líderes empresariais, devem abraçar essa nova visão de regeneração, transformando-a em um imperativo estratégico. Apenas assim será possível garantir que as organizações desempenhem um papel ativo na criação de um futuro próspero, equitativo e saudável para todos.

Este capítulo resgatou, trazendo referências de autores relevantes, a base para uma nova visão de sustentabilidade, em que a regeneração é vista como uma necessidade imperativa para a sobrevivência e prosperidade dos negócios em longo prazo. Ao entender e adotar essa perspectiva, torna-se mais claro o que será preciso para promover a transição de um modelo de governança tradicional para um regenerativo. Trarei, ao longo dos próximos capítulos, exemplos de empresas que já estão nessa jornada de regeneração. O próximo capítulo explora a Economia Regenerativa na criação de um ambiente no qual as empresas sejam incentivadas a adotar práticas restauradoras e regenerativas, em especial, suas implicações para a governança corporativa.

4

ECONOMIA REGENERATIVA E SUAS IMPLICAÇÕES PARA A GOVERNANÇA CORPORATIVA

O crescimento econômico é considerado um termômetro do bem-estar social. Se em determinado país a economia vai bem, é sinal de que lá devem existir bons índices de emprego e renda. No entanto, o crescimento econômico não pode ser, ou não deveria, pelo menos, ser a única métrica de bem-estar social no planeta. Não se podem ignorar os limites essenciais para a estabilidade ecológica e social. Se você está de acordo com essa afirmação, deve ter percebido que alguns desses limites vem sendo rompidos gradativamente, gerando efeitos como as mudanças climáticas e a perda de biodiversidade. Esse cenário coloca a economia regenerativa como uma necessidade emergente, em que empresas são chamadas não apenas a minimizar danos, mas a contribuir ativamente para a restauração de ecossistemas e resiliência organizacional (Fullerton, 2015; Wahl, 2016).

É fundamental abordar a economia regenerativa num livro sobre Governança Regenerativa porque ambas estão interligadas em seus objetivos de promover um modelo de desenvolvimento que respeite os limites do planeta e que valorize a regeneração dos ecossistemas, dos recursos naturais e do capital social. A Governança Regenerativa orienta a forma como empresas e instituições devem ser geridas para que possam operar dentro de princípios sustentáveis e regenerativos, e a economia regenerativa fornece as bases econômicas e operacionais que possibilitam essa gestão.

Para líderes e conselheiros de administração, é importante entender como os princípios da economia regenerativa podem ser implementados por meio da Governança Regenerativa, pois isso possibilita que empresas e instituições desenvolvam uma vantagem competitiva sustentável e se preparem melhor para as tendências emergentes. Na perspectiva de negócios, a economia regenerativa propõe um modelo no qual a atividade econômica não apenas reduz danos, mas contribui ativamente para a restauração dos ecossistemas, oferecendo uma base sólida para inovação e resiliência organizacional. John Fullerton define a economia regenerativa como um sistema econômico que respeita e trabalha em harmonia com os processos naturais, regenerando o capital social, natural e econômico (Fullerton, 2015).

Para Wahl (2016), o modelo econômico vigente contribui diretamente para a degradação ambiental, já que é centrado no consumo excessivo e na produção em massa, intensificando a crise ecológica por meio de práticas que levam ao desmatamento, à emissão de gases de efeito estufa e à contaminação de ecossistemas. Carol Sanford, voz importante quando se trata de negócios regenerativos, salienta que o período atual é marcado por um modelo econômico que não leva em conta os limites planetários e a capacidade de regeneração dos sistemas naturais. Segundo Sanford, as empresas precisam abandonar a lógica de exploração e começar a se posicionar como forças regenerativas, restaurando o equilíbrio entre o crescimento econômico e a preservação do planeta.

Em face do cenário de crises, por vezes já comentado neste livro, a economia regenerativa representa um paradigma que resgata o equilíbrio ambiental e promove uma nova abordagem para o desenvolvimento econômico. Para apoiar essa transição, pesquisadores[70] e orga-

---

70 Johan Rockström é um cientista sueco, amplamente reconhecido por seu trabalho em questões de sustentabilidade global. Ele é codiretor do Instituto Potsdam para Pes-

nizações como o Stockholm Resilience Centre desenvolveram a **teoria dos limites planetários**, uma estrutura científica com nove dimensões críticas para a manutenção da vida na Terra, destacados na Figura 2.

Esses limites funcionam como uma espécie de proteção que, quando ultrapassados, colocam em risco o equilíbrio do planeta, desencadeando mudanças abruptas e irreversíveis no meio ambiente, no clima, com impactos na economia, na sociedade e nas pessoas. Existem seis, dos nove limites planetários, que já foram rompidos, ameaçando a estabilidade dos ecossistemas globais, a economia dos países, mas também a segurança alimentar, o acesso à água e a saúde humana (Stockholm Resilience Centre, 2023).

Figura 2 - Os nove limites planetários

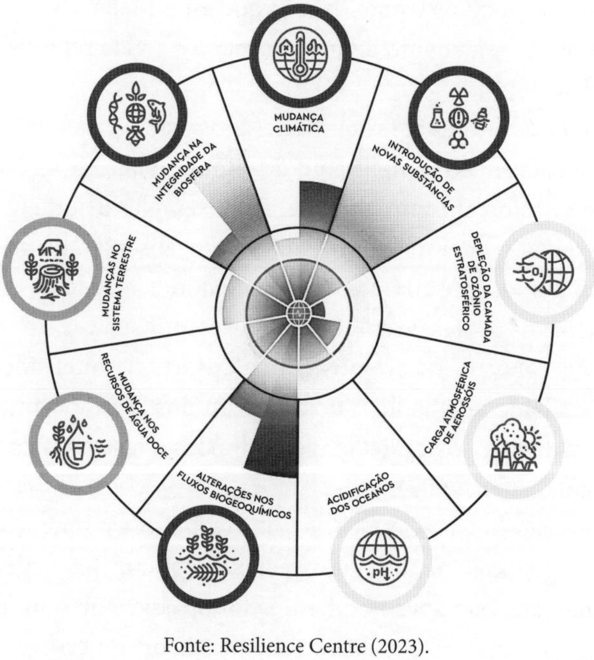

Fonte: Resilience Centre (2023).

---

quisa de Impacto Climático (PIK) na Alemanha, e é um dos principais autores do conceito de "Limites Planetários", um quadro que identifica nove processos críticos que regulam a estabilidade e a resiliência do sistema terrestre. Este conceito tem sido fundamental para orientar políticas e práticas ambientais em todo o mundo.

O rompimento dos limites planetários tem gerado respostas diversas tanto da comunidade científica quanto na empresarial. Para a comunidade científica, ultrapassar esses limites é visto como um sinal de alerta urgente. Muitos cientistas destacam que, se essas tendências não forem revertidas, as consequências podem ser catastróficas, levando a desestabilizações irreversíveis nos sistemas que viabilizam a vida na Terra.

Adicionalmente, ao longo dos anos, fatores como o crescimento populacional, a expansão da agricultura e das cidades, substituíram ecossistemas naturais por monoculturas e áreas urbanizadas, afetando a biodiversidade e degradando o solo. O uso excessivo e indiscriminado de fertilizantes à base de nitrogênio e fósforo na agricultura prejudica os ciclos naturais desses elementos, poluindo corpos d'água e criando zonas mortas. Da mesma forma, o uso de poluentes como plásticos, pesticidas e metais pesados tem feito com que estes materiais se acumulem no meio ambiente, afetando a saúde humana e a vida selvagem (Rockström; Steffen, 2009).

Todos esses fatores agravam os desafios globais, na medida em que as causas que levam ao rompimento dos limites planetários são interconectadas e se reforçam mutuamente. Por exemplo, o aumento da concentração de CO_2 na atmosfera leva à maior absorção desse gás pelos oceanos, alterando seu pH e comprometendo ecossistemas marinhos, especialmente os recifes de coral. Esses gases, por sua vez, ao aquecerem a atmosfera, agravam os eventos climáticos, o que intensifica a perda de biodiversidade, enquanto a acidificação dos oceanos anteriormente mencionada afeta os ciclos biogeoquímicos e a segurança alimentar (Rockström; Steffen, 2009).

A transição para economias de baixo carbono, a restauração de ecossistemas e a gestão sustentável dos recursos naturais são ações urgentes para garantir que não apenas evitemos ultrapassar novos limites planetários, mas que também possamos voltar a operar os negócios dentro de uma zona segura para a humanidade e para todas as formas de vida.

Globalmente, incêndios devastadores como os que atingiram o Havaí em 2023 e a Califórnia em 2024, ondas de calor extremo que ultrapassaram os 50 °C na Índia, causando centenas de mortes, e secas prolongadas que ameaçam a segurança hídrica e alimentar de milhões de pessoas na África Oriental são apenas alguns dos eventos que indicam que o futuro climático já chegou. [71] [72] [73]

O Intergovernmental Panel on Climate Change (IPCC) destaca que a intensidade e a frequência de eventos extremos como esses aumentarão à medida que as temperaturas globais continuarem a subir, afetando gravemente ecossistemas e comunidades (IPCC, 2023).[74]

A crise climática já é realidade também no Brasil, manifestando-se em eventos extremos cada vez mais intensos e frequentes, como os ciclones e enchentes na região sul do país, ligados ao fenômeno El Niño, demonstrando que as mudanças climáticas já estão impactando diretamente as populações, causando a perda de biodiversidade, migrações climáticas e gerando impactos econômicos de grandes proporções. Segundo o Painel Brasileiro de Mudanças Climáticas (PBMC), o aquecimento global intensifica fenômenos climáticos como, por exemplo: chuvas torrenciais, causando danos severos às cidades e à infraestrutura, especialmente em áreas vulneráveis (PBMC, 2014).

A tragédia ocorrida em 2023, no Rio Grande do Sul, que deixou mais de quarenta mortos e milhares de desabrigados, foi associada diretamente a um evento climático extremo exacerbado pelas mudanças climáticas e demonstrou a incapacidade de se criar sistemas e infraestruturas resilientes para adaptação aos seus efeitos. Em adição às chuvas torrenciais na região sul do Brasil, o desmatamento da Amazônia atingiu níveis alarmantes nos últimos anos, contribuindo significativamente para o aumento das emissões de gases de efeito estufa (INPE, 2021).

Para empresas, os impactos podem ser significativos, pois imagine, por exemplo, como uma empresa existirá ou conseguirá se manter

---

71 Em agosto de 2023, incêndios florestais devastaram a ilha de Maui, no Havaí, deixando mais de cem mortos e milhares de desabrigados – foi considerado o incêndio mais mortal dos EUA em mais de um século. Fonte: *New York Times*, 2023.

72 A Califórnia enfrentou nova temporada de incêndios florestais em 2024, com dezenas de focos ativos registrados em abril, associados às secas prolongadas e aumento das temperaturas médias. Fonte: *Los Angeles Times*, abril de 2024.

73 Em junho de 2023, a Índia registrou temperaturas superiores a 50 °C em estados como Rajastão, resultando em centenas de mortes e colapso dos sistemas de saúde e abastecimento. Fonte: *BBC News*, 2023; *The Guardian*, 2023.

74 IPCC, 2023.

Entendendo de forma prática as

CONSEQUÊNCIAS CIENTÍFICAS

dos limites planetários já rompidos:

1. Mudanças climáticas: com o aumento da concentração de CO_2 e outras emissões de gases de efeito estufa (GEE), o planeta enfrenta elevações contínuas na temperatura média global. Esse aumento tem desdobramentos como o derretimento de geleiras e o aumento do nível do mar, que ameaçam a infraestrutura costeira e os sistemas de água potável. Além disso, eventos climáticos extremos, como ondas de calor, secas e inundações, tornam-se mais frequentes e intensos.

2. Perda de biodiversidade: A perda de diversidade genética e de integridade funcional das espécies coloca em risco a resiliência dos ecossistemas. Essa perda afeta a capacidade de adaptação a mudanças ambientais e de resposta a pressões adicionais, como aquelas advindas de outras transgressões dos limites planetários. Isso reduz a biodiversidade necessária para a estabilidade dos ecossistemas, ameaçando a agricultura, a polinização e o equilíbrio natural dos predadores e presas. A extinção de espécies ocorre a uma taxa sem precedentes, ameaçando a resiliência dos ecossistemas e seus serviços essenciais, como polinização, purificação da água e regulação do clima.

3. Alteração no uso da terra: A expansão da agricultura e das cidades substituiu ecossistemas naturais, como florestas e savanas, por monoculturas e áreas urbanizadas, prejudicando a biodiversidade e contribuindo para a degradação do solo e para a perda de funções ecológicas, como sequestro de carbono e reciclagem de umidade. A redução das áreas florestais diminui a capacidade de absorção de carbono e aumenta as emissões, agravando ainda mais o aquecimento global. Este processo também interfere no ciclo hídrico local e global, impactando o abastecimento de água.

4. Ciclos biogeoquímicos: O uso excessivo de fertilizantes à base de nitrogênio e fósforo na agricultura perturba os ciclos naturais desses elementos, poluindo rios, lagos e oceanos, e criando zonas mortas. Esses fluxos desequilibrados afetam tanto a água doce quanto os ecossistemas marinhos, e a liberação de grandes quantidades de carbono devido à decomposição da matéria orgânica aumenta o efeito estufa, criando um ciclo de retroalimentação negativa para o clima.

5. Contaminação química: Poluentes como plásticos, pesticidas e metais pesados estão se acumulando no ambiente, com efeitos adversos sobre a saúde humana e a vida selvagem. Tais substâncias podem se acumular em ecossistemas e organismos, causando efeitos potencialmente irreversíveis e de longo prazo na saúde do solo, da água e das cadeias alimentares.

6. Acidificação dos oceanos: O aumento da concentração de CO_2 na atmosfera também tem levado à maior absorção desse gás pelos oceanos, alterando seu pH e comprometendo ecossistemas marinhos, especialmente os recifes de coral. Esse fenômeno prejudica organismos marinhos, especialmente os que dependem de carbonato de cálcio para formar conchas e esqueletos, como corais e moluscos. A perda desses organismos afeta toda a cadeia alimentar marinha, o que impacta diretamente a pesca e a segurança alimentar global.

Saiba mais em: Stockholm Resilience Centre.

Entendendo de forma prática as

CONSEQUÊNCIAS PARA EMPRESAS

dos limites planetários já rompidos:

1. Mudanças Climáticas

• Impacto Operacional: Empresas, especialmente aquelas com operações em áreas costeiras, enfrentam riscos elevados devido ao aumento do nível do mar e eventos climáticos extremos (tempestades, enchentes, furacões). Infraestruturas podem ser danificadas ou mesmo destruídas, levando a custos elevados de reparo e substituição.

• Aumento de Custos de Seguros: Com o aumento dos eventos climáticos extremos, os seguros para proteger infraestrutura e ativos tornam-se mais caros, afetando o custo operacional e reduzindo a margem de lucro.

• Escassez de Recursos Naturais: A maior frequência de secas e ondas de calor afeta a disponibilidade de água e recursos agrícolas, impactando setores que dependem fortemente desses insumos, como alimentos, bebidas e produtos farmacêuticos.

• Pressão Regulamentar e de Mercado: Governos e consumidores demandam que as empresas reduzam suas emissões de GEE, levando à necessidade de adaptação para práticas de baixo carbono, o que pode exigir investimentos em tecnologias verdes e inovação.

2. Perda de Biodiversidade

• Risco na Cadeia de Suprimentos: Setores como agricultura, alimentos e farmacêutico enfrentam riscos na produção devido à perda de biodiversidade, que prejudica a polinização e a fertilidade do solo, reduzindo a produtividade e aumentando a dependência de insumos sintéticos.

• Vulnerabilidade à Escassez de Insumos Naturais: A extinção de espécies e a redução da biodiversidade levam à escassez de produtos naturais essenciais para certos setores, como cosméticos, farmacêuticos e alimentos.

• Danos à Reputação: Empresas que dependem da extração de recursos naturais ou que estão associadas à destruição de habitats naturais podem sofrer danos reputacionais e perder a confiança de consumidores e investidores, resultando em pressão por práticas mais sustentáveis.

• Custos Adicionais para a Sustentabilidade: Para proteger ecossistemas, as empresas podem ter que investir em programas de restauração e preservação ambiental, elevando os custos operacionais.

3. Alteração no Uso da Terra

• Aumento da Escassez de Terrenos para Expansão: Setores de construção, agrícola e manufatura enfrentam dificuldades para expansão, pois a disponibilidade de terrenos e a regulamentação ambiental tornam-se cada vez mais restritivas.

• Aumento dos Custos de Insumos: A degradação do solo e a perda de cobertura vegetal reduzem a produtividade agrícola, aumentando o custo dos insumos para empresas do setor alimentício e de biocombustíveis.

• Pressão para Soluções de Cadeia de Suprimento Responsável: Setores como moda, alimentação e madeireiro enfrentam pressão crescente para evitar o desmatamento e práticas não-sustentáveis em suas cadeias de suprimento, aumentando a necessidade de certificações ambientais e conformidade regulatória.

• Impacto no Ciclo Hídrico: O impacto no ciclo hídrico afeta o abastecimento de água para a indústria e a agricultura, levando a restrições e aumento de custos, principalmente para indústrias que consomem muita água, como a de bebidas e a de manufatura.

4. Ciclos Biogeoquímicos (Nitrogênio e Fósforo)

• Regulamentação e Taxas Ambientais: Empresas agrícolas e de alimentos enfrentam regulamentações mais rígidas sobre o uso de fertilizantes, com taxas adicionais e limites para reduzir a contaminação de águas superficiais e subterrâneas.

• Perda de Produtividade em Áreas Afetadas: A poluição dos recursos hídricos leva a problemas como a eutrofização, afetando atividades de pesca e reduzindo a biodiversidade marinha, o que pode comprometer a cadeia de suprimento de alimentos e aumentar os custos com tratamento de água.

• Pressão para Reduzir Desperdício e Melhorar Eficiência: Empresas podem ser pressionadas a otimizar o uso de insumos químicos para minimizar o impacto ambiental, aumentando o custo de produção e exigindo investimentos em tecnologias de controle de resíduos e eficiência.

5. Contaminação Química

- Riscos à Saúde e Conformidade Regulatória: Setores que utilizam substâncias químicas, como o farmacêutico, cosmético e de manufatura, enfrentam desafios regulatórios crescentes, pois substâncias tóxicas prejudicam a saúde humana e ambiental, levando a custos com conformidade, multas e restrições de uso.

- Danos à Imagem Corporativa: A contaminação por plásticos e metais pesados pode prejudicar a imagem das empresas perante o público, especialmente as que produzem bens de consumo, gerando uma demanda por alternativas mais ecológicas e embalagens sustentáveis.

- Necessidade de Investimentos em Inovação: Empresas são incentivadas a investir em pesquisa e desenvolvimento de produtos menos tóxicos e em práticas de reciclagem, aumentando os custos operacionais e os investimentos em novas tecnologias.

6. Acidificação dos Oceanos

- Impacto no Setor de Pesca e Aquicultura: A redução da calcificação em organismos marinhos afeta diretamente as cadeias alimentares, prejudicando a produção pesqueira e de aquicultura, com impacto na oferta de produtos e aumento dos custos.

- Risco de Escassez de Recursos Marinhos: Setores que dependem de insumos marinhos, como alimentos, suplementos e cosméticos, enfrentam a escassez de recursos devido à degradação dos ecossistemas marinhos.

- Demanda por Certificações Ambientais: Indústrias que dependem de recursos oceânicos podem enfrentar uma demanda crescente por certificações que garantam a sustentabilidade de suas práticas, com impacto financeiro e de reputação.

- Necessidade de Mitigação e Compensação: Empresas são incentivadas a investir em práticas que minimizem a pegada de carbono e que compensem os impactos nos oceanos, aumentando as responsabilidades ambientais e os custos associados.

em cenários em que o agravamento dos limites planetários provoque escassez severa de água, impossibilitando processos industriais que dependem de grandes quantidades desse recurso? Da mesma forma, em regiões agrícolas, o solo empobrecido e a degradação dos ecossistemas naturais podem comprometer toda a cadeia de produção de alimentos, levando ao aumento dos preços e à redução da oferta de matérias-primas essenciais. Com o aumento na frequência e intensidade de eventos climáticos extremos, como secas prolongadas, enchentes e furacões, as operações de logística e distribuição podem ser afetadas por interrupções constantes e imprevisíveis. Empresas situadas em áreas costeiras enfrentarão maior risco de danos estruturais e perda de infraestrutura devido ao aumento do nível do mar e à erosão costeira.

Essas condições adversas criam um cenário de incerteza que pode comprometer desde a produção até a entrega dos produtos, com riscos regulatórios emergentes, afetando a estabilidade econômica e a capacidade de sobrevivência no longo prazo.

A degradação ambiental crescente dificulta a implementação de medidas necessárias para mitigar os impactos de eventos climáticos extremos, reduzir emissões e promover resiliência, ameaçando o cumprimento dessas metas globais. Nesse cenário, questões como a erradicação da pobreza, a redução das desigualdades e a promoção da saúde e bem-estar tornam-se ainda mais desafiadoras, uma vez que estão diretamente conectadas à capacidade do planeta de continuar provendo os serviços ecossistêmicos essenciais à vida humana.

Diante da conscientização cada vez maior da nossa interdependência, o momento atual exige uma mudança estrutural, em que governos, empresas e sociedade civil precisam adotar **abordagens regenerativas**, que restabeleçam os equilíbrios naturais e promovam uma convivência harmoniosa entre a atividade humana e os sistemas da Terra.

O ritmo das ações globais e locais para mitigar esses efeitos, no entanto, continua insuficiente. Embora o Acordo de Paris de 2015 tenha estabelecido metas ambiciosas para conter o aumento da temperatura global, poucos países estão no caminho para atingir suas metas, conforme relatado pelo Climate Action Tracker (CAT, 2022). Além disso, as políticas internas de muitos países, incluindo o Brasil, seguem privilegiando a extração de recursos naturais, em detrimento de práticas mais sustentáveis e regenerativas, o que compromete ainda mais os esforços de combate às mudanças climáticas (SEEG, 2021).

Essa mentalidade de desenvolvimento baseada em paradigmas ultrapassados, especialmente no que diz respeito à exploração ilimitada de recursos naturais, é reflexo de uma **visão que prioriza o crescimento econômico a qualquer custo em um cenário de curto prazo.**

A falta de ação coordenada e eficaz por parte de governos e setores empresariais para enfrentar de maneira adequada a crise climática e a perda de serviços ecossistêmicos revela a desconexão entre a gravidade dos problemas e a lentidão das respostas. Há uma inércia generalizada em reconhecer que os impactos das mudanças climáticas são, antes de tudo, uma responsabilidade presente e coletiva, e que uma abordagem baseada na exploração de recursos e na negligência com os impactos sociais e ambientais não é mais viável.

Segundo Wackernagel, a humanidade está operando muito além da capacidade de renovação da Terra, o que nos leva a um déficit ecológico[75] que se agrava a cada ano. O Dia da Sobrecarga da Terra ("*Earth Overshoot Day*"), que marca a data em que a demanda por recursos ultrapassa a capacidade do planeta de renová-los. Em 2023, essa data foi alcançada no meio do ano, evidenciando a insustentabilidade do atual modelo de produção e consumo. O cálculo da pegada ecológica, desenvolvido por Mathis Wackernagel[76] e William Rees,[77] demonstra que a humanidade consome mais recursos naturais do que a Terra pode regenerar.

---

75 O déficit ecológico ocorre quando a demanda da humanidade por recursos naturais excede a capacidade da Terra de regenerar esses recursos em um ano. Isso resulta em uma diminuição dos recursos disponíveis e um aumento na degradação ambiental, como desmatamento, perda de biodiversidade e aumento das emissões de carbono. O conceito é frequentemente medido pela Pegada Ecológica, que compara a demanda humana com a biocapacidade do planeta.

76 Mathis Wackernagel é um pesquisador e ambientalista suíço, amplamente reconhecido por cocriar o conceito de pegada ecológica junto com William Rees. Ele é presidente da Global Footprint Network, uma organização internacional que promove métricas de sustentabilidade.

77 William Rees é um ecólogo e urbanista canadense, conhecido por apoiar na criação do conceito de pegada ecológica. Ele é professor emérito na University of British Columbia e foi diretor da School of Community and Regional Planning (SCARP).

"*Business as usual is red*" – o modo tradicional de fazer negócios está em alerta vermelho. Com essa afirmação contundente, o professor Anders Levermann, referência global em Ciência do Clima, provocou reflexões profundas durante um *workshop* promovido em Genebra, na Suíça, pelo Fórum Econômico Mundial, do qual participei por dois anos seguidos em 2024 e 2025. Reunindo conselheiros e conselheiras de diferentes regiões do planeta, o encontro destacou os riscos sistêmicos das práticas empresariais convencionais diante da crise climática.

Neste cenário, a economia regenerativa é um modelo oportuno, pois busca alinhar os interesses financeiros com os objetivos ecológicos e sociais, incentivando práticas empresariais que contribuam para a regeneração do planeta (Fullerton, 2015). Esse conceito se alinha com **o *Donut* das Fronteiras Sociais e Planetárias**, uma estrutura desenvolvida por Kate Raworth, que atua como uma bússola para o progresso humano neste século.

Apoiando-se em estudos das Geociências e da Economia, Raworth mapeia as deficiências sociais e as sobrecargas nos sistemas terrestres, oferecendo uma estrutura que equilibra o atendimento das necessidades sociais e a preservação dos limites planetários. Em seu modelo, Raworth afirma que "um crescimento significativo do PIB é muito necessário" para que os países de baixa e média renda possam atingir as metas de desenvolvimento social sem ultrapassar os limites ecológicos.

A compreensão desse novo modelo econômico pode enriquecer a discussão sobre a necessária evolução da governança corporativa, ao oferecer uma visão prática e inspiradora de como as empresas podem adotar uma abordagem regenerativa. Isso reforça a necessidade de uma mudança nas práticas empresariais, destacando exemplos concretos de como a economia pode ser reestruturada para enfrentar os desafios globais existentes, promovendo simultaneamente justiça social e sustentabilidade ambiental.

Como ressalta Bill Reed, o ponto de partida é entender que "a economia é um subsistema da ecologia" e que todo modelo de negócio precisa estar em harmonia com os fluxos naturais. Ele defende que a prosperidade de longo prazo depende da capacidade de alinhar propósito empresarial, regeneração ecológica e vitalidade das comunidades.

"A economia precisa ser entendida como um subsistema da ecologia. Só prosperaremos em longo prazo se nossos negócios estiverem alinhados com os fluxos naturais e com a vitalidade das comunidades." – Bill Reed, especialista em liderança e design regenerativo. Cofundador do Regenesis Group e do Capital Institute.

O modelo da "Economia *Donut*", Figura 3, propõe que a verdadeira prosperidade ocorre quando os sistemas econômicos respeitam os limites planetários, ao mesmo tempo em que asseguram o bem-estar social. A regeneração econômica e ecológica é inseparável, visto que a economia deve operar em harmonia com os princípios da natureza, restaurando a integridade dos sistemas ecológicos que foram prejudicados por práticas industriais insustentáveis.

Figura 3 – O Modelo da Economia *Donut*

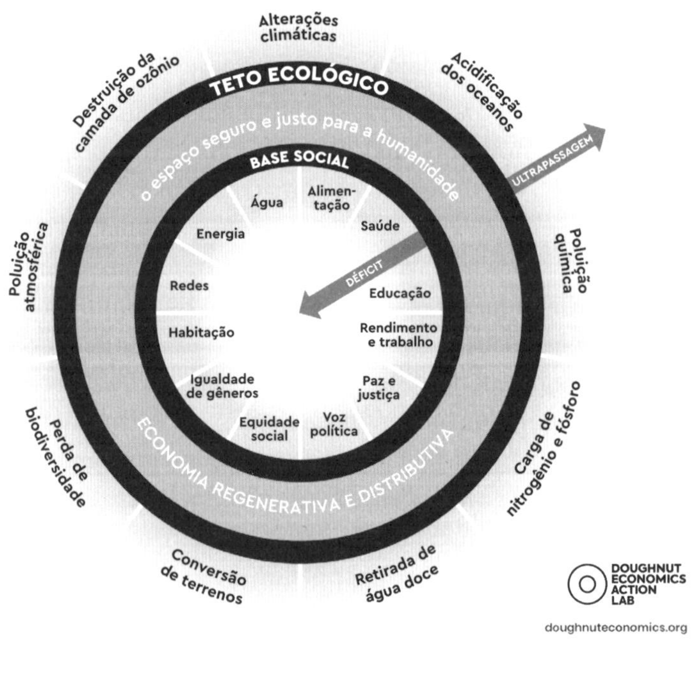

Fonte: Adaptado de Doughnut Economics Action Lab, 2025.

No modelo de Raworth, o desenvolvimento econômico é visualizado em forma de um *donut*, no qual o círculo interno representa o "espaço social justo", que garante o acesso aos direitos humanos básicos (como saúde, educação e habitação), enquanto o círculo externo define os "limites planetários", estabelecendo as restrições ambientais que não devem ser ultrapassadas.

Nesse contexto, a "zona segura e justa" para a humanidade é o espaço entre esses dois círculos, em que o desenvolvimento sustentável é viável sem prejudicar o planeta ou comprometer as necessidades sociais. Esse modelo tem sido aplicado em várias localidades, como a Bacia do Lago Erhai, na China, e até mesmo na cidade de Amsterdã, que adotou a estrutura *donut* como guia em seu planejamento econômico pós-pandemia.

Na prática, a economia regenerativa, a partir do arcabouço de autores e de práticas já concretizadas para esse modelo, proporciona as ferramentas e os conceitos necessários para que a governança corporativa seja transformada, deixando de lado o modelo linear e degenerativo e adotando um modelo circular e restaurador.

Ela propõe métodos concretos, como a bioeconomia, a biomimética e as soluções baseadas na natureza (SBN), que ajudam organizações a se alinhar com práticas que regeneram e restauram, ao invés de explorar e esgotar. Esses métodos não só fortalecem a resiliência ambiental e social, mas também incentivam a inovação, a eficiência de recursos e a construção de novos mercados que agregam valor positivo ao meio ambiente e à sociedade.

4.1 A EVOLUÇÃO DO PAPEL DOS *STAKEHOLDERS* E A NOÇÃO DE "*CAREHOLDERS*"

Nas últimas décadas, a visão sobre o papel dos *stakeholders* nas organizações passou por transformações significativas. A abordagem tradicional de considerar *stakeholders* como atores externos a serem gerenciados e engajados em relação aos interesses da organização, ainda que válida, tem sido questionada diante de mudanças sociais e ambientais profundas. O conceito de *stakeholders*, amplamente popularizado na gestão empresarial por R. Edward Freeman, se refere a todos os grupos e indivíduos que podem influenciar ou ser impactados pela organização.

Tradicionalmente, *stakeholders* incluem clientes, funcionários, acionistas, fornecedores e comunidades locais. Com o tempo, o papel dos *stakeholders* evoluiu de uma visão periférica para uma abordagem mais central na formulação estratégica, especialmente no que tange a práticas de responsabilidade social corporativa (RSC). Atualmente, muitas organizações já adotam um modelo de gestão baseado em interesses equilibrados, no qual os *stakeholders* se tornam parte da fórmula de criação de valor. Um exemplo prático é o envolvimento de comunidades locais na definição de políticas de sustentabilidade, como a redução de emissões de carbono e a mitigação de impactos ambientais de operações industriais e minerárias – "licença social para operar". O processo de definição das prioridades de uma empresa no campo da sustentabilidade, que gera uma matriz conhecida como "Matriz de Materialidade", por exemplo, envolve a escuta e o engajamento de *stakeholders* como forma de garantir que os assuntos que também exercem impactos neles sejam considerados, ou seja, a lista de prioridades da empresa deve levar em conta os interesses e o bem-estar de todos os que de uma certa forma afetam ou são afetados por suas operações, incluindo fornecedores e comunidades que operam próximas às suas plantas industriais.

No entanto, o conceito de *stakeholders*, conforme aplicado tradicionalmente, apresenta limitações, especialmente ao focar principalmente em grupos que possuem uma influência ou poder perceptível sobre a organização, desconsiderando aqueles que, mesmo afetados, não têm voz ou visibilidade. Em minhas vivências no ambiente da governança corporativa, um colega do IBGC – Marco Penteado, também me fez perceber ao escrever um artigo[78] para a Comissão do Conselho do Futuro da qual fazíamos parte juntos, que também existem os **"*noholders*"**, representados por **grupos que estão marginalizados e invisibilizados no sistema,** aqueles que não são considerados nas tomadas de decisão e cuja existência, para a organização, é ignorada ou minimizada. O con-

78 Penteado, 2023.

ceito de *noholders* revela uma lacuna no modelo tradicional de *stakeholders* e uma abordagem mais humanizada e inclusiva, indicando que há uma necessidade de se expandir a visão organizacional para abarcar não apenas os que exercem influência direta, mas também aqueles que, embora invisíveis, são impactados pelas operações e estratégias empresariais. **Representam um público que é impactado pelas atividades organizacionais, mas que não tem representação, voz ou influência direta sobre as decisões corporativas.**

Diferentemente dos *stakeholders*, que têm uma relação reconhecida e formalizada com a organização, os *noholders* incluem populações vulneráveis, grupos minoritários, comunidades distantes dos centros de poder econômico e até gerações futuras, que sofrem consequências ambientais e sociais das operações empresariais, mesmo sem qualquer poder de contestação. Em projetos de mineração, por exemplo, comunidades indígenas e rurais periféricas frequentemente sofrem impactos ambientais durante a operação e econômicos quando a empresa encerra suas atividades na região, mas nem sempre são consultadas ou compensadas de forma justa, pois não possuem representação formal no sistema econômico. Esses *noholders* ficam à margem do processo de decisão, apesar de sofrerem diretamente os efeitos das atividades empresariais. Empresas que ignoram os *noholders* tendem a gerar impactos negativos na reputação e, em última instância, enfrentam um desgaste de imagem que pode comprometer suas operações no longo prazo.

Foi a partir de uma provocação feita por Michelle Holliday, em uma rede social, que decidi propor neste livro uma nova perspectiva, que vai além do gerenciamento estratégico desses atores para uma postura de **"cuidado" ou "cura"** mútua. A partir desta nova visão para *stakeholders* e *noholders*, proponho chamarmos estes atores tão importantes para o ecossistema da Governança Regenerativa como: "*careholders*".

Entendo que o desafio de ressignificar o que já está posto é sempre conflitante com questionamentos da seguinte natureza: realmente essa nova proposta faz sentido? Em que cenários se justifica? Chegou realmente o momento de evoluir no significado do que seria uma parte interessada para empresas e organizações? Com essas perguntas respondidas, creio que esse novo termo desafia as organizações a reavaliarem sua postura em relação às pessoas, comunidades e ecossistemas com os quais interagem. Em vez de meros beneficiários ou afetados (ou, até mesmo, "partes", que vem do inglês *stake)*, os *careholders* são vistos como parceiros essenciais no cultivo de ecossistemas organizacionais regenerativos. Pessoas que merecem um olhar com um cuidado especial por parte das organizações e que ao mesmo tempo tem o dever de cuidar e atuar por um propósito maior que é a regeneração, a preservação da vida na terra. A ideia não deve ser a de que cada um deve atuar para ter a sua parte (o seu *stake*) atendida, mas sim uma atuação colaborativa, interconectada para o bem comum.

A provocação de Michelle Holliday nos inspira a perceber uma evolução natural de como as organizações devem perceber e se relacionar com seus públicos, destacando a importância do **"cuidado" e do "respeito" no relacionamento com todos os grupos envolvidos.** Os *careholders* não são apenas parceiros estratégicos, mas indivíduos e comunidades com quem as organizações têm um compromisso ético e humano, devendo agir com um **senso de cuidado mútuo e responsabilidade compartilhada.** Essa abordagem implica em **tratar todos os atores como participantes ativos e valiosos em um sistema interconectado de vida,** no qual a prosperidade da organização depende diretamente do bem-estar de todos os seus *careholders.*

> *"Mais do que uma extensão da lista de necessidades a serem consideradas, o conceito de careholders nos conecta ao escopo mais amplo de nossos interesses – não apenas financeiros ou materiais, mas também emocionais, relacionais e morais. Ele nos lembra que somos pessoas que cuidam, como aqueles antes de nós cuidaram uns dos outros e da teia da vida da qual fazemos parte." – Michelle Holliday, autora, pesquisadora e fundadora da Thrivable World.*

Um exemplo prático de abordagem de *careholders* é o *case* da empresa de roupas Patagonia. A empresa, conhecida por suas práticas de sustentabilidade e defesa do meio ambiente, considera seus *careholders* não apenas como clientes, funcionários e acionistas, mas como os próprios ecossistemas e comunidades em que opera. Ao cuidar de seus *careholders*, a Patagonia não só adota práticas de manufatura sustentável, como também realiza campanhas para reduzir o consumo desnecessário, incentivando os clientes a repararem suas roupas em vez de comprarem novas, promovendo assim uma relação de cuidado e respeito com o meio ambiente e com as gerações futuras. Essa abordagem sugere que **a empresa deve agir como guardiã de todos os elementos do sistema em que está inserida,** mantendo um relacionamento baseado na empatia, na responsabilidade e no respeito pela continuidade e regeneração dos recursos naturais e sociais.

O conceito de *careholders* está intrinsecamente conectado ao de "Governança Regenerativa", que propõe um modelo de gestão pautado em princípios de renovação e que visa criar valor compartilhado para os envolvidos, incluindo aqueles que não têm voz ativa no sistema, como os *noholders*.

A integração dos conceitos: transformando a Governança Corporativa

A evolução da visão de *stakeholders* e *noholders* para *careholders* exige uma revisão dos modelos de governança corporativa. Esse novo paradigma, fundamentado no reconhecimento de que as organizações fazem parte de sistemas interdependentes, sugere que as empresas devem expandir suas práticas de governança para integrar todos os grupos impactados e, especialmente, aqueles que permanecem invisíveis ou desconsiderados com uma visão de cuidado e a consciência do bem comum. Essa integração representa uma transição para o que estou a chamar de Governança Regenerativa, em que o objetivo não é apenas mitigar danos, mas regenerar e nutrir os ecossistemas dos quais a organização depende.

Governança Regenerativa implica em um modelo organizacional que transcende a responsabilidade social tradicional para englobar princípios de renovação e reciprocidade. A empresa regenerativa se compromete com práticas que promovem a saúde e a vitalidade de seus *careholders*, adotando uma postura de cuidado com o sistema como um todo.

Para isso, líderes empresariais devem promover a inclusão e a diversidade em seus conselhos e processos decisórios, assegurando que essas vozes sejam consideradas, e que os *careholders* tenham suas necessidades incorporadas de forma central nas decisões, práticas e políticas empresariais.

Exemplos e aplicação prática

Para entender como esses conceitos podem ser aplicados, vejamos um exemplo do setor de tecnologia. Empresas de tecnologia têm um impacto ambiental significativo, tanto pelo consumo de energia e água em data centers quanto pelo descarte de equipamentos eletrônicos. No modelo tradicional, o foco pode estar em *stakeholders* estratégicos – investidores, funcionários, consumidores –, enquanto os *noholders*, como as comunidades próximas aos centros de descarte de eletrônicos ou afetadas pelo aumento da pegada de carbono, são ignorados.

Uma organização que adote a visão de *careholders* e a Governança Regenerativa vai além do compromisso de "*net zero*", em que o objetivo é apenas neutralizar suas emissões de carbono. Ela se compromete com ações proativas de regeneração e restauração ambiental que transcendem a compensação de emissões. Essas ações podem incluir a captura direta de carbono, investimento em tecnologias de sequestro de carbono, restauração de ecossistemas degradados, desenvolvimento de projetos de reflorestamento e incentivo à biodiversidade em áreas impactadas por suas operações.

Essas iniciativas ajudam a restaurar o equilíbrio ambiental em locais afetados e a promover um papel ativo de "cura" para os ecossistemas. Por exemplo, além de remover carbono da atmosfera, a empresa poderia apoiar projetos de reabilitação de solos degradados e recuperação de bacias hidrográficas, garantindo que seus impactos ecológicos sejam compensados com iniciativas de longo prazo que contribuem diretamente para a saúde do planeta.

Essa abordagem não se limita ao meio ambiente, mas abrange também as comunidades humanas afetadas, incluindo os *noholders*. Empresas podem, por exemplo, investir em programas de educação e capacitação para populações vulneráveis próximas as suas operações, promovendo desenvolvimento socioeconômico sustentável. Também podem financiar projetos de energia renovável em áreas carentes, oferecendo benefícios diretos às comunidades locais, enquanto contribuem para a descarbonização e para a transição para uma economia de baixo carbono.

Ao adotar esse modelo regenerativo e atuar como um "cuidador" dos ecossistemas e das comunidades, a empresa não apenas reduz seus impactos negativos, mas cria um valor positivo e transformador. Assim, ela reforça seu papel como uma força ativa na regeneração dos sistemas naturais e sociais em que está inserida, promovendo prosperidade compartilhada e duradoura para todas as partes envolvidas - evoluindo de um modelo de gestão tradicional de *stakeholders* e *noholders* para um olhar cuidadoso e inclusivo para com os *careholders*. Essa postura também ajuda a fortalecer sua resiliência, tornando-a uma organização mais preparada para enfrentar os desafios futuros.

Em suma, o que gostaria de destacar é que o conceito de *careholders* representa uma evolução na forma como as empresas se relacionam com o mundo. Enquanto a gestão tradiconal de *stakeholders* busca alcançar o alinhamento de interesses entre grupos influentes, a inclusão de *careholders* na forma de se operar a governança corporativa aponta para um avanço ético e estratégico em direção a um modelo de negócios mais sustentável e regenerativo.

O conceito de *noholders* desafia as organizações a darem visibilidade e consideração àqueles que não têm voz, enquanto o conceito de *careholders* propõe um compromisso de cuidado e responsabilidade com todos (inclusive os *noholders*) os que fazem parte do ecossistema empresarial. Integrar esses grupos à Governança Regenerativa é um caminho para líderes que desejam construir organizações resilientes e sustentáveis, capazes de prosperar em um mundo cada vez mais complexo e interdependente.

Implementando a visão de *careholders* na prática

A transição para uma visão de *careholders* exige mudanças significativas na estrutura e nas práticas organizacionais. Em primeiro lugar, é necessário que as empresas desenvolvam políticas de engajamento e diálogo que incluam tanto *stakeholders* tradicionais quanto *noholders*.

Por meio de fóruns, consultas e outras formas de participação, a organização pode se tornar mais inclusiva e alinhar suas práticas às reais necessidades dos *careholders*.

Além disso, práticas de medição de impacto social e ambiental devem ser integradas ao processo de tomada de decisão. Ao invés de medir o sucesso apenas por resultados financeiros, empresas que adotam uma postura de Governança Regenerativa consideram indicadores de bem-estar coletivo e sustentabilidade. Essas métricas auxiliam a organização a monitorar seu progresso em direção a uma relação mais equilibrada com seus *careholders*, assegurando que o impacto positivo seja constantemente renovado.

Por fim, a cultura organizacional deve refletir valores de empatia, respeito, escuta ativa e solidariedade. Essa transformação cultural é talvez o maior desafio, pois implica em repensar práticas e processos tradicionais, e demanda uma liderança comprometida com a visão de que o sucesso organizacional está intrinsecamente ligado ao sucesso coletivo de todos os envolvidos.

COMO IMPLEMENTAR A VISÃO DE *CAREHOLDERS* NA PRÁTICA

Mapeie todos os *careholders*
Vá além dos *stakeholders* tradicionais. Identifique comunidades, ecossistemas, redes informais e públicas historicamente invisibilizadas (os *noholders*) que são impactados pelas operações da empresa.

Crie canais de escuta ativa e diálogo contínuo
Estabeleça fóruns, rodas de conversa, consultas públicas e mecanismos digitais que permitam ouvir, aprender e incorporar a voz de diferentes grupos nas decisões organizacionais.

Redefina indicadores de sucesso
Incorpore métricas de bem-estar, inclusão, justiça climática e impacto positivo no ambiente e nas comunidades, equilibrando retorno financeiro com valor compartilhado.

Adote processos decisórios participativos
Permita que os *careholders* tenham influência real sobre decisões que os afetam diretamente. Isso fortalece o vínculo e torna a organização mais responsiva e adaptativa.

Promova uma cultura de empatia e cuidado
Invista em capacitação, liderança consciente e práticas que reforcem o respeito, a escuta e a cooperação em todos os níveis da empresa.

CASE: Meu Chapa – tecnologia com cuidado no centro

O Meu Chapa é um exemplo inspirador de como a visão de careholders pode ser aplicada na prática. Trata-se de uma plataforma que conecta trabalhadores informais – especialmente carregadores autônomos em centros urbanos (conhecidos como "chapas") – a clientes que precisam de serviços de transporte e pequenas mudanças. O modelo é baseado não apenas na intermediação digital, mas na valorização humana e no cuidado com populações invisibilizadas pelo mercado formal.

Ao criar um ambiente digital justo, transparente e humanizado, o Meu Chapa oferece mais do que uma fonte de renda: proporciona formalização da relação, inclusão social, reconhecimento, estabilidade e dignidade para os trabalhadores, que antes dependiam de relações informais e instáveis. A empresa também oferece capacitações, apoio psicossocial e estímulo à autogestão, promovendo inclusão socioeconômica e ampliando as capacidades desses profissionais.

Esse é um exemplo claro de uma organização que enxergou valor em uma parcela totalmente excluída e invisibilizada do mercado de trabalho e as considera não como meros noholders, mas como careholders centrais — protagonistas na construção do valor compartilhado, do impacto positivo e de um modelo regenerativo de atuação que gera valor para a organização.

Saiba mais: https://meuchapa.net

5

PENSANDO A GOVERNANÇA COMO UM SISTEMA VIVO: DO TRADICIONAL AO REGENERATIVO

As boas práticas de governança corporativa surgiram como consequência de conflitos de agência[79] oriundos da pulverização do capital social em especial nas *corporations* norte-americanas e inglesas.

Esta configuração de controle societário difuso conferia um maior poder para os executivos das empresas, o que, frequentemente, acarretava a captura da empresa pela gestão (e.g. transações entre partes relacionadas não equitativas, remunerações excessivas, conflitos de interesses, atuação em benefício próprio).

Tais conflitos se estendiam para abranger também os conflitos entre acionistas controladores e minoritários nos países em que as organizações possuíam um poder de controle concentrado na mão de um acionista controlador ou de um bloco de acionistas, como acontece com a maioria das empresas brasileiras, por exemplo.

A governança corporativa ganhou destaque no Brasil após as privatizações dos anos 1990, impulsionadas pela abertura do mercado. Em

79 Jensen e Meckling (1976).

1992, o mundo discutia o Relatório Cadbury, um dos primeiros a propor boas práticas de governança corporativa como resposta aos escândalos financeiros da década anterior. Alinhado às tendências globais, o Instituto Brasileiro de Governança Corporativa (IBGC), fundado em 1995, lançou em 1999 o primeiro Código das Boas Práticas de Governança Corporativa.

No início do século XXI, os escândalos envolvendo empresas como Enron e WorldCom intensificaram as discussões sobre a importância do sistema de governança corporativa. Como resposta, o Congresso norte-americano aprovou a Lei Sarbanes-Oxley (SOX), que impulsionou a implementação de melhorias nos controles internos e no monitoramento das companhias, sendo a maioria de suas práticas ainda hoje adotadas por diversos países.

No Brasil, grandes escândalos de corrupção deram origem à lei anticorrupção (Lei nº 12.846, de 1º de agosto de 2013) e à lei das estatais (Lei nº 13.303, de 30 de junho de 2016), sendo que, no contexto da pandemia da covid-19, foram editadas uma série de normas relativas às práticas *ESG*, incluindo a atualização do formulário de referência pela Resolução CVM nº 59, de 22 de dezembro de 2021, entre outras. A digitalização global impulsionou a edição de leis relativas à proteção de dados, como a denominada LGPD brasileira (Lei Geral de Proteção de Dados - Lei nº 13.709, de 14 de agosto de 2018).

Diversas outras normas poderiam ser citadas, mas o fato é que, historicamente, a discussão sobre o aprimoramento das boas práticas de governança corporativa têm sido reativa, geralmente surgindo em resposta às crises, conflitos ou grandes escândalos corporativos.

Não se pode negar, contudo, que, ainda que reativas, a partir destes gatilhos, as práticas de governança corporativas vêm sendo aprimoradas ao longo dos anos para, na medida do possível, refletirem o *zeitgeist*[80].

---

80 *Zeitgeist* é um termo de origem alemã que significa literalmente "espírito do tempo". Refere-se ao conjunto de ideias, crenças, valores e sensações que caracterizam uma determinada época histórica. No contexto deste livro, o conceito é utilizado para destacar a mudança de mentalidade coletiva que exige novas abordagens para liderança, governança e desenvolvimento – mais integradas, éticas e regenerativas.

Frederic Laloux alerta, contudo, em seu livro *Reinventando as organizações*,[81] que, se por um lado, é inegável a evolução dos modelos organizacionais e de governança corporativa ao longo dos anos, resultando em conquistas inovadoras e abrindo as portas para a investigação científica, o empreendedorismo e a uma visão globocêntrica, por outro lado, reafirmou-se o pensamento curto prazista, orientado aos resultados, com estímulo para o foco excessivo nos resultados financeiros, a superespeculação, o excesso de consumo e a exploração inconsequente dos recursos e ecossistemas do planeta.

O futuro da governança corporativa, portanto, não pode estar atrelado apenas à reação às crises. É preciso se antecipar a elas, o que inclui um olhar para a regeneração.

As organizações precisam agir como parte integrante de um ecossistema muito maior e interdependente, promovendo inovação responsável, consumo consciente e práticas de produção que contribuam para a recuperação dos recursos naturais. Neste sentido, a governança corporativa deixa de ser apenas uma ferramenta de mitigação de externalidades e passa a ser uma força ativa na construção de um futuro sustentável, resiliente e longevo. Empresas que abraçarem essa mudança estarão mais bem posicionadas para enfrentar os desafios globais, garantindo sua sobrevivência e prosperidade em longo prazo.

Estudos conduzidos pela National Association of Corporate Directors (NACD) apontam a necessidade de que se estabeleça um novo *mindset* e novas estratégias para os negócios, conforme demonstrado em trecho abaixo transcrito:

> *"As companhias não podem mais confiar nas suas estratégias históricas. De fato, 68% dos conselheiros que responderam à pesquisa sobre governança em empresas públicas indicam que nos próximos cinco anos as estratégias existentes se tornarão completamente irrelevantes, enquanto 61% dos conselheiros identificam o envolvimento*

81 Laloux, 2015.

efetivo do Conselho na estratégia da companhia como uma das mais importantes prioridades para a melhoria do Conselho em 2020. Adicionalmente, a experiência acumulada tanto dos executivos quanto dos membros do conselho de administração na definição da estratégia, da tecnologia e até mesmo da indústria talvez seja menos relevante em breve. Esses desafios significativos sugerem que os conselhos necessariamente deverão considerar um novo mindset e um diferente modus operandi para se tornarem adaptados para um futuro muito diferente e mais turbulento."[82]

E, neste contexto, como tem sido destacado nas últimas décadas por autores e especialistas de diversas áreas – como negócios, economia, agricultura e urbanismo –, é preciso adotar uma perspectiva regenerativa para a forma de se operacionalizar os negócios. Este conceito, como já visto anteriormente, não se limita a minimizar impactos negativos, mas propõe a criação de sistemas que regenerem e fortaleçam ecossistemas e comunidades.

Nessa linha, uma abordagem regenerativa para a governança corporativa é imprescindível. A questão que se coloca é se os atuais modelos de governança corporativa estão aptos à esta incorporação.

Para se responder esta questão deve se partir da constatação de que o modelo de governança corporativa que tem sido discutido ao longo dos últimos anos ainda é baseado em estruturas rígidas de comando e controle de cima para baixo (*top down*), hierarquias (com papéis bem definidos e altamente formais) e meritocracia.

A figura abaixo, que consta do Código das Melhores Práticas de Governança Corporativa do IBGC, ainda que de forma inconsciente, reflete, como bem pontuado por Frederic Laloux, uma estrutura de governança corporativa que se acomoda numa pirâmide rígida, com uma cascata de linhas formais de reporte, na qual o planejamento e a execução são estritamente separados: o pensamento acontece no topo enquanto a ação

82 National Association of Corporate Directors, 2020.

acontece na base. As decisões tomadas no topo são repassadas para baixo em camadas sucessivas de gestores (Laloux, 2014, p. 27).

Figura 4 – Agentes e Estrutura de Governança

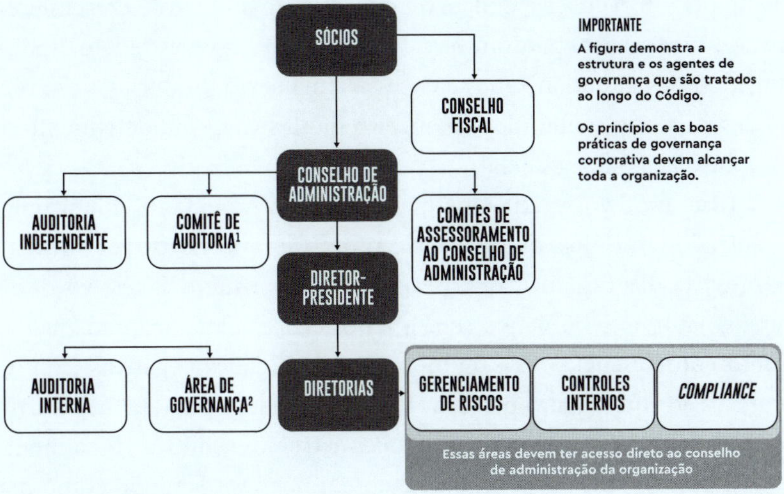

1. O comitê de auditoria, quando existente, deve supervisionar a atuação da auditoria interna e da auditoria independente.

2. Área preferencialmente sob a liderança de um profissional com a função de *governance officer*.

Fonte: IBGC (2023).

Este modelo de comando e controle é uma herança do reducionismo da era industrial, que propõe uma forma de se pensar as organizações como máquinas, inclusive com os jargões emprestados da engenharia, como bem coloca Frederic Laloux:

"Falamos sobre unidades e camadas, inputs e outputs, eficiência e efetividade, puxar a alavanca e mover o ponteiro, acelerar e puxar os freios, problemas de escopo e soluções de escala, fluxos de informação e gargalos, reengenharia e downsizing. Líderes e consultores desenham as organizações. Seres humanos são recursos que devem ser cuidadosamente alinhados ao organograma, muito como engrenagens de uma máquina. Mudanças devem ser planejadas e mapeadas em esquemas e depois cuidadosamente implementadas de acordo com o plano. Se alguma parte do maquinário funciona abaixo do ritmo esperado, é provável que seja hora para uma leve intervenção..." (Laloux, 2014, p. 37-38).

Neste modelo organizacional, a racionalidade impera e o sistema de governança corporativa geralmente é regido por uma gestão por objetivos e pela tomada de decisões que levem aos melhores resultados no curto prazo para a organização, por vezes a qualquer custo. Usualmente buscam vencer a concorrência, visando ao lucro e crescimento. A visão mecanicista predominante até hoje muitas vezes reflete práticas consideradas desumanizadas e excessivamente exploratórias, com foco no desempenho econômico-financeiro muitas vezes em detrimento do equilíbrio ecológico e social.

Esse modelo, tradicionalmente compartimentado, hierárquico e centrado em linhas de produção, promove uma visão mecanizada e extrativista das organizações, permitindo o consumo excessivo de recursos naturais e humanos sem a reposição e valorização adequadas. Como consequência, gera inúmeras externalidades negativas, como a degradação ambiental, a perda de biodiversidade, o acirramento das desigualdades sociais e eventos climáticos extremos sentidos globalmente.

É preciso substituir a lógica de organizações operando como máquinas, por sistemas baseados em propósito e valores, de interconectividade entre os diversos elementos tangíveis (órgãos societários e pessoas) e intangíveis (cultura e estratégia).

Neste sentido, a melhor forma de demonstrar o sistema de governança corporativa com esta nova abordagem regenerativa, seria como sugerido por Laura Storm e Giles Hutchins no livro *Liderança Regenerativa*: o DNA de organizações que afirmam a vida no Século 21,[83] transicionando do modelo "máquina" para incorporar em seu desenho organizacional "a lógica dos sistemas vivos", conforme abaixo:

83 Storm e Hutchins, 2023.

Figura 5 – Máquina para sistema vivo

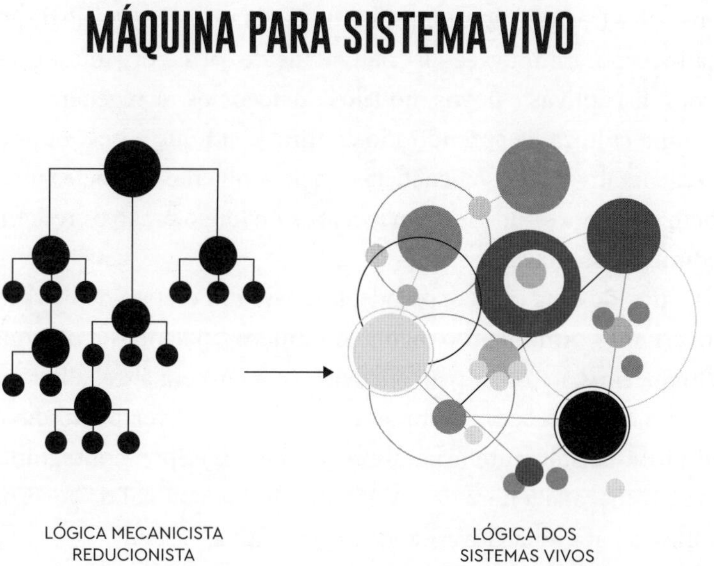

Fonte: Storm e Hutchins (2023).

Ao incorporar o pensamento sistêmico regenerativo, a governança corporativa pode passar de uma abordagem reativa, às crises e escândalos corporativos, para um modelo preventivo, colaborativo, inovador e regenerativo. A regeneração vai além de apenas proteger e mitigar, mas busca restaurar o equilíbrio social e ambiental, respeitando os limites do planeta e promovendo o bem-estar das pessoas. Isso exige a reformulação de métricas de sucesso, substituindo indicadores puramente financeiros por parâmetros que integrem valor social, ecológico e econômico.

Adotar essa perspectiva implica repensar estruturas organizacionais e abandonar antigos modelos hierárquicos rígidos em favor de modelos colaborativos, inovadores e circulares.

O estado atual dos ecossistemas planetários e das comunidades exige essa abordagem mais ambiciosa: não basta apenas evitar novos danos ao meio ambiente ou à sociedade; é necessário restaurar, revitalizar e regenerar os recursos naturais e sociais degradados ao longo do tempo a partir de atividades econômicas e humanas.

Essa abordagem requer uma transformação intencional na forma como os negócios são conduzidos. A transição para uma Governança Regenerativa é estratégica. Empresas que adotam esse modelo de governança incorporam inovação e criatividade de forma orgânica, gerando soluções disruptivas e novos modelos de negócios. A regeneração promove uma cultura de aprendizado contínuo, em que a busca por soluções regenerativas não só beneficia o meio ambiente e a sociedade, mas também cria oportunidades de negócios e no longo prazo o crescimento econômico sustentável.

Diante de uma nova realidade, torna-se imperativo que os agentes de governança diminuam o foco nos números, balanços e demonstrações financeiras, no olhar pelo retrovisor, e comecem a trabalhar mais o olhar para o futuro, sem ignorar as demandas dos diversos ***careholders,*** incluindo especialmente a natureza, o planeta e, por conseguinte, as pessoas. É chegada a hora da transformação intencional da governança corporativa para uma Governança Regenerativa.

A governança do futuro é regenerativa!

5.1 DA GOVERNANÇA CORPORATIVA TRADICIONAL PARA A GOVERNANÇA REGENERATIVA

O conceito clássico de governança corporativa (atualizado em 2023 pelo IBGC) pode ser definido como um sistema formado por princípios, regras, estruturas e processos pelo qual as organizações são dirigidas e monitoradas, com vistas à geração de valor sustentável, para a organização, para seus sócios e para a sociedade em geral. Esse sistema baliza a atuação dos agentes de governança e demais indivíduos de uma organização na busca pelo equilíbrio entre os interesses de todas as partes, contribuindo positivamente para a sociedade e para o meio ambiente.[84]

O novo modelo de Governança Regenerativa aqui proposto busca soluções de longo prazo que possam garantir a continuidade e a relevân-

84 IBGC, 2023.

cia da organização no futuro, mas que vai além do ponto de mitigação dos impactos que as empresas exercem.

> *"Governança Regenerativa é uma nova forma de fazer negócios, que demanda um novo mindset – sobre como dirigir e operar os negócios para regenerar o planeta". Gabriela Blanchet, autora*

Ao adotar práticas regenerativas, as empresas podem se posicionar como líderes em inovação, construindo uma vantagem competitiva sustentável e conquistando a confiança de investidores que estão cada vez mais exigentes em relação às práticas de sustentabilidade (que inclui clima).

Organizações que integram a regeneração em suas estratégias e adotam uma Governança Regenerativa estarão mais bem preparadas para gerenciar riscos relacionados às mudanças climáticas, crises sociais, regulamentações ambientais e, consequentemente, evitar crises reputacionais ou financeiras. Investem em sistemas que vão além da neutralidade de carbono, procurando criar impactos positivos como o aumento da biodiversidade, fortalecimento das comunidades locais e uso de modelos de economia regenerativa que repensam as cadeias de suprimentos de forma integrada.

Trata-se de gerar externalidades positivas, pelas quais as atividades empresariais não apenas evitam danos, mas contribuem diretamente para a recuperação dos ecossistemas e para o fortalecimento das pessoas e comunidades impactadas. Isso pode envolver práticas como a recuperação de áreas degradadas, o uso de tecnologias de baixo impacto e a reinserção de recursos no ciclo produtivo de forma circular. No âmbito social, significa investir em equidade, educação e redução das desigualdades, ampliando o acesso às oportunidades para grupos historicamente marginalizados.

A regeneração como princípio orientador de governança é o caminho para uma transformação real, que gera valor em longo prazo, tanto para os negócios quanto para o planeta, conforme pode ser observado na imagem a seguir.

Figura 6 - Modelo de transição para a Governança Regenerativa

Fonte: Elaborado pela autora com base em Reed (2007).

Na governança corporativa degenerativa indicada na figura acima, baseada em paradigmas antigos e pensamento reducionista, em que poucas pessoas tomam decisões sem ampla consideração dos interesses das diversas partes interessadas, as práticas de governança corporativa levam à fragmentação e eficiência mínima. Retomamos aqui a visão de organizações como máquinas anteriormente mencionada. O autor Gareth Morgan, explorou a metáfora da organização como máquina em seu livro *Images of Organization*, em que organização é vista como um sistema mecanicista, no qual cada componente (recurso) humano é tratado como uma peça intercambiável, com funções específicas e bem definidas. O objetivo principal é maximizar a eficiência e a produtividade, eliminando desperdícios e otimizando processos. Adicione-se a visão mecanicista ainda utilizada no ambiente de negócios, que considera parte dos elementos dessa metáfora, como por exemplo: os silos organizacionais. Esses silos fragmentam a organização, impedindo a colaboração e a comunicação eficaz entre diferentes departamentos, o que resulta em uma eficiência mínima e na incapacidade de responder de forma ágil às mudanças do mercado.

Em organizações que adotam uma abordagem degenerativa, mesmo com mecanismos de controle e altos padrões de governança corporativa tradicional, existem lacunas que limitam a criação de ambientes de trabalho regenerativos. Por exemplo, a prática de *job description*, ou descrição de cargos, em português, contribui para que os profissionais realizem apenas as tarefas que lhes foram atribuídas, tornando-os executores previsíveis de decisões tomadas por níveis hierárquicos superiores. Isso, sem dúvida, exclui ainda mais a subjetividade dos processos, conforme preconizado por Carol Sanford,[85] autora pioneira nesta discussão que aborda a prática de *job description* no contexto da regeneração e discute como as descrições de cargos tradicionais podem limitar o potencial humano e a inovação dentro das organizações em seu livro *Negócios regenerativos*.

Sanford argumenta que, ao invés de definir rigidamente as funções dos funcionários, as empresas deveriam focar em desenvolver as capacidades e o potencial de cada indivíduo, promovendo um ambiente de trabalho mais dinâmico e regenerativo. Adicionalmente, organizações com esta abordagem costumam manter mais o foco em metas e objetivos do que em fluxos e relações dentro de um sistema vivo e integral, como preconizado na abordagem regenerativa. Como resultado, as iniciativas estratégicas da empresa e seu propósito se concentram em mé-

---

85 Carol Sanford era uma defensora de abordagens regenerativas em negócios e desenvolvimento humano e enfatiza a importância de agregar valor em vez de extrair valor, propõe a detoxificação das empresas de práticas nocivas, substituindo paradigmas ultrapassados. Seu trabalho é influenciado pelos princípios dos sistemas vivos e pelas teorias de John Bennett e David Bohm. Seu principal livro é *The Regenerative Business* (2017).

todos prescritivos de planejamento, com um planejamento prévio que frequentemente é imposto de cima para baixo, das hierarquias superiores para as inferiores. Esse é o modo de navegação que sabe de antemão para onde ir e como chegar, orientando-se pela criação e uso de mapas representacionais.

No que diz respeito às práticas, estratégias e processos em empresas representadas pelo terceiro estágio da Figura 6, estágio sustentável, embora haja uma preocupação com a sustentabilidade, essa é uma concepção *mainstream* que se distanciou do pensamento ecológico essencial, focando em tecnologias de produtos e processos que reduzem o impacto ambiental e em tecnologias de medição de metas predeterminadas sobre esse impacto.

A título de exemplo, as abordagens "*net zero*" e de compensação de emissões ainda estão inseridas em um paradigma de degeneração, em vez de regeneração, por várias razões. Primeiramente, essas estratégias focam na redução de danos, não na regeneração ativa dos ecossistemas. O objetivo é alcançar um balanço zero de emissões de gases de efeito estufa, compensando qualquer emissão residual com projetos que removem uma quantidade equivalente de CO_2 da atmosfera. No entanto, isso não aborda a necessidade de restaurar e revitalizar os ecossistemas danificados.

> *"Quando você é sustentável, no máximo consegue chegar a um ponto neutro. Para corrigir e manter as condições de vida no planeta, é necessário ir além. A visão regenerativa pressupõe uma abordagem biocêntrica da vida."*
> *– Ricardo Young, líder empresarial e vice-presidente da Carta da Terra Brasil*

Além disso, a prática de compensação de emissões permite que as empresas continuem emitindo gases de efeito estufa, desde que invistam em projetos de sequestro de carbono, como o plantio de árvores ou efetuem a compra de créditos de carbono para compensação. Embora essa prática possa parecer uma solução viável, não incentiva mudanças fundamentais e profundas nos processos produtivos e pode justificar a continuidade de práticas insustentáveis. Essas estratégias também derivam, muitas vezes, de uma visão fragmentada e reducionista, focando em metas específicas de redução de emissões sem considerar a interconexão dos sistemas naturais e sociais. Isso pode levar a soluções que não são holísticas e que não promovem a saúde e a vitalidade dos ecossistemas e das pessoas como um todo.

Essas abordagens são frequentemente implementadas sem a participação ativa das comunidades locais e grupos mais vulneráveis (licença social para operar). A regeneração, por outro lado, requer um envolvimento profundo e contínuo das comunidades, valorizando o conhecimento local e promovendo a justiça social e ambiental. A sustentabilidade nesse estágio, aqui ressaltada como *mainstream*, que inclui as abordagens "*net zero*" e de compensação de emissões, tende a focar em tecnologias e processos que reduzem o impacto ambiental, mas não necessariamente em transformar profundamente os sistemas socioeconômicos. A abordagem regenerativa, por outro lado, busca criar sistemas que não apenas minimizem danos, mas que regenerem e revitalizem os ecossistemas e as comunidades humanas.

No centro do gráfico acima, destaca-se o ponto de transição que representa uma fase intermediária na qual há um foco em alcançar a neutralidade de carbono, mas ainda com uma abordagem de redução e compensação de impactos, sem restauração e regeneração do ecossistema. Considerando que governança é uma jornada, e que precisa se atualizar, temos oportunidade para promover esta transformação.

Ao confrontar as duas abordagens, percebe-se que a abordagem degenerativa mantém sistemas disfuncionais, enquanto a regenerativa se baseia em princípios de interdependência, autocorreção e renovação para manter sistemas funcionais. Na lógica da Governança Regenerativa, criam-se sistemas que se retroalimentam positivamente e políticas que ampliam o bem-estar de forma contínua. Esses aspectos são explorados e confrontados com o modelo de governança tradicional ao longo dos próximos capítulos deste livro.

Como destacou Bill Reed, especialista em liderança e design regenerativo, essa transição exige mais do que ajustes incrementais nas práticas de governança: requer uma mudança fundamental na forma como as organizações percebem seu papel nos sistemas vivos. Para ele, a verdadeira transformação começa quando líderes e conselhos passam a enxergar seus negócios como parte integrante de ecossistemas, e não como entidades separadas que apenas interagem com eles. Essa mudança de perspectiva amplia a capacidade de gerar valor duradouro, pois alinha propósito, estratégia e impacto positivo de forma indissociável.

Na Governança Regenerativa, adota-se uma abordagem sistêmica, integrando todas as partes interessadas nas decisões, com foco na regeneração, resiliência e bem-estar geral. Isso resulta não só em geração de valor econômico-financeiro no longo prazo, mas também impacta positivamente um ecossistema muito maior no qual a organização está inserida.

5.1.1. Conceito de Governança Regenerativa

Ao aplicar o *mindset* de regeneração à governança corporativa, com ênfase no propósito como um componente central do sistema, podemos definir **Governança Regenerativa**, a partir de uma visão holística, sistêmica e integrada da organização, **como:**

> *Um sistema pelo qual as empresas são dirigidas, guiado por um propósito comum que dá coerência e orienta as decisões e ações organizacionais, composto por elementos (tangíveis e intangíveis) e interconexões, baseado em um conjunto eficiente de princípios que se transformam em práticas concretas, promovendo a valorização da vida em todas as suas formas, ampla transparência e o compromisso com a geração de impactos positivos e duradouros.*

Mais do que um mecanismo de controle, a Governança Regenerativa atua como um catalisador estratégico para a criação de valor sustentável em longo prazo, regenerando, restaurando e fortalecendo ecossistemas, comunidades e a resiliência organizacional.

Possui a função de assegurar, atendendo aos interesses de todos os *careholders* em uma grande rede interconectada e interdependente, a geração de externalidades positivas e de regeneração da vida no planeta.

Neste contexto, é preciso que haja de tempos em tempos o mapeamento e avaliação contínua da qualidade das interconexões, relações e interações da organização com todos os *careholders* (internos e externos) e o seu entorno. A construção e manutenção destas relações de confiança é fundamental para a resiliência e longevidade dos negócios.

5.2 PRINCÍPIOS DA GOVERNANÇA REGENERATIVA

O IBGC em sua sexta e última edição do *Código de Melhores Práticas*, lançada em 2023, lista como princípios da governança corporativa os seguintes: (i) integridade, (ii) transparência, (iii) equidade, (iv) responsabilização (*accountability*), (v) sustentabilidade.

Em âmbito internacional, diversos códigos de governança corporativa adotam princípios semelhantes, adaptados às suas realidades específicas. Por exemplo: a Organização para a Cooperação e Desenvolvimento Econômico (OCDE)[86] lista os seguintes princípios:

- **Transparência**: divulgação oportuna e precisa de todas as questões materiais relacionadas à corporação, incluindo a situação financeira, desempenho, propriedade e governança da empresa.
- **Equidade**: tratamento equitativo de todos os acionistas, incluindo minoritários e estrangeiros.
- **Responsabilidade corporativa**: reconhecimento dos direitos dos *stakeholders* estabelecidos por lei ou por meio de acordos mútuos e incentivo à cooperação entre a corporação e os *stakeholders* na criação de riqueza e empregos.
- **Responsabilidade dos conselhos**: garantia de orientação estratégica da empresa, monitoramento efetivo da gestão pelos conselhos e responsabilidade do conselho perante a empresa e os acionistas.

86 OECD, 2023.

Já o Código de Governança Corporativa do Reino Unido enfatiza:

- **Liderança**: uma liderança eficaz e empreendedora do conselho, responsável pelo sucesso em longo prazo da empresa.
- **Eficácia**: o conselho e seus comitês devem ter a combinação apropriada de habilidades, experiência, independência e conhecimento da empresa para desempenhar suas funções de maneira eficaz.
- **Responsabilidade**: o conselho é responsável por apresentar uma avaliação justa, equilibrada e compreensível da posição e perspectivas da empresa.
- **Remuneração**: a política de remuneração deve ser projetada para promover o sucesso em longo prazo da empresa.
- **Relações com os acionistas**: o conselho deve garantir um diálogo com os acionistas baseado no entendimento mútuo dos objetivos.

Neste livro proponho uma revisão e atualização destes princípios, considerando que a Governança Regenerativa deve ser fundamentada em princípios que funcionam como alicerce, uma base a partir da qual as boas práticas florescerão para consolidar o bom funcionamento deste sistema regenerativo nas organizações. São eles:

Figura 7 - Princípios de Governança Regenerativa

Fonte: Desenvolvido pela autora (2025).

5.2.1 Ética para afirmação da vida no planeta (*Life Affirming Ethics Principle*):

A ética é o alicerce central da Governança Regenerativa, mas vai além do comportamento humano isolado e rejeita a visão antropocêntrica de um planeta a serviço da humanidade. A ética que propomos como base para a Governança Regenerativa é uma ética ampliada, que reconhece o valor intrínseco de toda forma de vida e seu papel essencial no equilíbrio dos ecossistemas naturais e sociais.

O princípio da ética para afirmação da vida no planeta pressupõe que toda e qualquer ação ou decisão empresarial deve levar em consideração os impactos que potencialmente possam causar não só às pessoas, mas também ao planeta e a todas as suas formas de vida, direta ou indiretamente.

As organizações, como atores econômicos dentro de um ecossistema mais amplo, têm o dever ético de preservar a integridade e promover a regeneração da vida no planeta. Negócios são considerados regenerativos quando ajudam a manter a integridade e restaurar a vida em nosso planeta, fornecendo as condições necessárias para a regeneração, mesmo com o mundo em constantes mudanças, inclusive climáticas.

Por exemplo, não é ético consumir os recursos naturais e os serviços ecossistêmicos fornecidos pela natureza como insumos para a produção agroindustrial sem sopesar os impactos (negativos e positivos) que o consumo destes recursos causará (inclusive no longo prazo) para os ecossistemas planetários, para as pessoas, comunidades e outras formas de vida do entorno. Não é ética a utilização desses recursos a qualquer custo, sem a reposição ou restauração do que está sendo consumido para a produção e geração de lucro empresarial. Alguns estudiosos vão além e dizem não ser ético o consumo de recursos naturais para uso e exploração econômica sem que haja um pagamento ou compensação por este serviço ou produto fornecido pela natureza (pagamento pelos serviços ecossistêmicos oferecidos pela natureza).

No sistema de Governança Regenerativa, as decisões tomadas por órgãos e agentes de governança devem ser sempre baseadas na ética para a manutenção da integridade da vida no planeta.

John Elkington chama atenção para o fato de que muitos modelos corporativos ainda operam dentro de uma lógica de *trade-offs*, tratando a sustentabilidade como uma questão de responsabilidade limitada. Na sua visão, o verdadeiro salto ético exige integração entre prosperidade econômica e regeneração socioambiental:

> *"O problema foi que o Triple Bottom Line passou a ser aplicado sob uma ótica de responsabilidade, com foco em compensações, enquanto minha intenção sempre foi promover soluções integradas." – John Elkington, referência global em sustentabilidade e inovação para o impacto, criador do conceito de Triple Bottom Line e cofundador da Volans Ventures*

Este princípio nos faz ir além da lógica tradicional aplicada à responsabilidade social corporativa e a sustentabilidade, as quais visam primeiramente reduzir ou zerar as externalidades negativas da operação. O princípio da ética para a afirmação da vida pressupõe uma mudança profunda no modelo mental e na maneira de ser e fazer os negócios no século XXI.

A busca por negócios lucrativos põe em primeiro lugar a interrelação correta com a vida no planeta, a partir de um pensamento holístico e sistêmico.

5.2.2 Transparência

Pelo princípio da transparência pressupõe-se que haja honestidade, clareza, objetividade e intenção da organização em disponibilizar para o mercado e todos os *careholders* informações completas, sejam elas positivas ou negativas, indo além do que é exigido por lei ou regulação.

As informações disponibilizadas ao mercado não devem ser somente financeiras, nem se restringirem ao desempenho econômico da organização, mas devem também abranger informações pré-financeiras (intangíveis) relacionadas aos diversos capitais, tais quais o capital natural, humano e ao clima.

Costumo dizer que um vaso só é verdadeiramente transparente quando conseguimos enxergar claramente o que está em seu interior. Esse é o espírito da aplicação do princípio da transparência. Quando as partes interessadas enxergam um vidro embaçado, opaco, ou enxergam apenas um pouco do conteúdo do vaso, não há que se falar em aplicação plena do princípio da transparência.

Adicionalmente, o princípio da transparência engloba a prestação de contas clara, objetiva e verdadeira dos atos e omissões praticados pelos agentes de governança, os quais são passíveis de responsabilização (vide capítulo de responsabilização mais para frente). Ultimamente temos percebido uma tendência de aumento de litigância sobre este tema no mundo inteiro, com ações emblemáticas fundamentadas no princípio da transparência, com o objetivo de evitar todo e qualquer tipo de "*washing*" (*greenwashing*, *socialwashing*, *climatewashing* e até mesmo *governancewashing*).[87]

Uma maior transparência promove um ambiente de confiança e responsabilidade, permite uma tomada de decisão mais ética, refletida e aprofundada, firma relações de qualidade entre todos e, assim, se torna essencial para a implementação de uma Governança Regenerativa que pressupõe um modelo de colaboração e participação ativa inclusive de *careholders*. Da mesma forma, uma maior transparência facilita o mo-

---

87 O sufixo "*washing*" tem sido amplamente utilizado para descrever estratégias de comunicação ou posicionamento que mascaram práticas corporativas inconsistentes com os princípios que dizem defender. Entre os mais comuns estão: *Greenwashing*: quando empresas exageram ou falsificam compromissos ambientais; *Socialwashing*: quando promovem imagem de responsabilidade social sem ações concretas; *Climatewashing*: quando há distorção ou omissão sobre compromissos climáticos; *Governancewashing*: quando adotam estruturas de governança que não se refletem em decisões éticas, transparentes ou participativas.

nitoramento das ações, planejamentos e políticas de regeneração implementadas pela organização.

5.2.3 Interdependência

É fundamental reconhecer a interdependência da organização com a sociedade e o meio ambiente e econômico no qual está inserida. Em uma perspectiva contemporânea, essa visão sistêmica integrada é fundamental para que sejam promovidas boas práticas de regeneração que beneficiem todas as partes interessadas, gere valor compartilhado e impacto positivo duradouro, além de lucro aos acionistas.

Do ponto de vista de estrutura organizacional, a governança pressupõe a relação entre os diversos órgãos e agentes de governança que integram o sistema. É fundamental que haja a consciência da relação de interdependência entre todas essas instâncias. A atuação em silos dentro da organização já não é mais cabível.

A Governança Regenerativa, ao incorporar a lógica da interdependência, propõe uma ampliação do campo de análise estratégica. Isso implica compreender que decisões corporativas produzem impactos que extrapolam os limites da própria organização, atingindo comunidades, cadeias produtivas e os sistemas naturais dos quais depende sua continuidade operacional. Assim como as decisões tomadas por uma determinada área de negócios podem impactar outras áreas ou a própria organização como um todo. Por consequência, tais decisões devem ser tomadas a partir de uma visão sistêmica, que considere simultaneamente os efeitos sobre múltiplos capitais: natural, social, humano e financeiro. É fundamental que se consiga enxergar essa relação de interdependência entre partes estratégicas que formam um todo.

Ricardo Young, um dos entrevistados para o livro, sintetiza essa lógica ao afirmar que:

"A liderança regenerativa opera com base na ética da interdependência. Isso significa reconhecer que o sucesso de uma organização depende da qualidade das relações que ela estabelece com todas as dimensões do seu ecossistema: colaboradores, fornecedores, comunidades, natureza e instituições. E essas relações precisam ser sustentadas por propósito, alteridade e visão de longo prazo" Ricardo Young, líder empresarial e vice-presidente da Carta da Terra Brasil

Essa mudança de perspectiva requer o fortalecimento de práticas de escuta ativa, engajamento contínuo com *careholders* diversos e construção de relações baseadas na corresponsabilidade. O princípio da interdependência exige, portanto, que as empresas reconheçam que sua prosperidade de longo prazo está diretamente condicionada à saúde dos sistemas dos quais fazem parte – sejam eles ambientais, sociais ou institucionais.

Na visão de Michelle Holliday, a lógica dos *careholders* substitui a dinâmica de ganhar/perder por uma busca pelo bem maior para todos que estão dentro de um mesmo campo de cuidado. Essa abordagem estimula relações colaborativas, responsabilidade mútua e um senso profundo de pertencimento, expandindo o horizonte das decisões corporativas do curto prazo para um compromisso com as gerações passadas e futuras.

Em termos práticos, aplicar o princípio da interdependência implica:

- incorporar avaliações de impacto socioambiental nos processos decisórios estratégicos;
- estruturar mecanismos de governança que assegurem a representação de múltiplos interesses legítimos;
- fomentar relações colaborativas ao longo da cadeia de valor, baseadas em transparência, equidade e criação de valor compartilhado;
- adotar métricas que permitam mensurar o grau de dependência e contribuição da organização aos sistemas dos quais ela faz parte.

A interdependência deixa, assim, de ser uma abstração e passa a operar como fundamento estruturante da governança. Ao reconhecê-la e traduzi-la em prática, as organizações fortalecem sua resiliência, ampliam sua legitimidade e passam a atuar de forma mais coerente com os desafios do século XXI – promovendo, ao mesmo tempo, lucros para os acionistas e benefícios concretos para todas as partes interessadas.

5.2.4 Responsabilização (*Accountability*)

É importante que os agentes e órgãos de governança desempenhem as suas funções com diligência, autonomia e independência na tomada de decisão com o objetivo de gerar valor compartilhado não só no curto, mas nos médio e longo prazos, podendo ser responsabilizados por seus atos e omissões.

Nos últimos anos, temos vistos um aumento nos casos nos quais se discute a responsabilização de conselheiros e diretores por questões relacionadas ao clima, ao meio ambiente e às pessoas.

Pesquisa realizada pela London School of Economics (LSE) sobre litigância climática no ano de 2024, revela um crescimento significativo no número de processos judiciais movidos contra organizações e seus líderes devido à falta de comprometimento com a sustentabilidade e a mitigação das mudanças climáticas. Esses processos não apenas geram consequências legais e financeiras, mas também reforçam o papel da governança na preservação ambiental e no respeito aos direitos das comunidades impactadas.

No contexto da Governança Regenerativa, a responsabilização assume uma nova dimensão, ao exigir que os líderes empresariais prestem contas não apenas aos acionistas, mas também à sociedade, às futuras gerações e aos sistemas naturais impactados por suas decisões. A *accountability* deixa de ser um instrumento restrito ao campo jurídico ou regulatório e passa a operar como um princípio orientador da conduta ética, estratégica e sistêmica das organizações.

Esse cenário mostra que a responsabilização corporativa vai além do cumprimento de normas regulatórias: exige uma abordagem proativa e transparente, na qual líderes empresariais incorporem práticas regenerativas para evitar riscos legais e criar soluções duradouras que beneficiem o planeta e a sociedade.

Aplicar esse princípio requer:

- compreender que a responsabilização amplia-se para além dos acionistas, incluindo sociedade, comunidades afetadas e ecossistemas impactados pelas decisões corporativas;
- fazer com que a *accountability* deixe de ser restrita ao campo jurídico, passando a ser um pilar ético e estratégico da conduta organizacional;
- incorporar indicadores de impacto socioambiental nos sistemas de avaliação de desempenho e reporte;
- revisar códigos de conduta e políticas internas para refletir compromissos explícitos com justiça climática e social;
- reforçar a transparência nos processos decisórios e nas comunicações com *careholders*, integrando critérios de sustentabilidade e boas práticas de Governança Regenerativa de forma transversal;
- promover formações contínuas para conselheiros e executivos sobre riscos emergentes ligados ao clima, biodiversidade e desigualdades;
- consolidar estruturas de governança que favoreçam a corresponsabilidade entre áreas e níveis decisórios, evitando a fragmentação do dever de cuidado.

Em última instância, responsabilizar-se é alinhar o exercício do poder à consciência sistêmica. Trata-se de garantir que as decisões tomadas hoje sejam sustentáveis, legítimas e capazes de deixar um legado positivo.

Como argumenta Philippe Joubert, um dos entrevistados para a construção deste livro, e experiente executivo e conselheiro que vivenciou essa transição de dentro das corporações, a regeneração é uma responsabilidade legal do conselho. Segundo ele, diante dos limites planetários e da gravidade das crises socioambientais, continuar operando com base apenas na materialidade financeira e nos interesses de curto prazo dos acionistas pode ser considerado não apenas insuficiente, mas perigoso.

Ao afirmar que o modelo atual de governança é questionável por não reconhecer os limites do planeta e continuar a considerar os recursos naturais como sem custo e infinitos, Joubert antecipa a premissa fundamental da Governança Regenerativa: os princípios e práticas hoje predominantes encontram-se desatualizados e carecem de revisão estrutural. Sua trajetória como CEO e, posteriormente, como conselheiro em empresas globais, revelou que a transição para modelos regenerativos exige não só visão estratégica, mas coragem e integridade fiduciária na busca de um modelo de negócios aceitável.

Essa visão está diretamente alinhada ao princípio da responsabilização (*accountability*) na Governança Regenerativa, que amplia o dever de prestação de contas não só para os acionistas, mas também para os múltiplos *careholders* – humanos e não humanos – afetados pelas decisões corporativas. Trata-se de reconhecer que a verdadeira responsabilização exige consciência das consequências sistêmicas das decisões do conselho, bem como disposição para responder por elas, não apenas perante os indicadores financeiros, mas perante a sociedade e as futuras gerações.

Para Joubert é fundamental integrar a perspectiva ecológica e social ao centro das deliberações do conselho, promovendo uma atuação estratégica e transformadora. Não se trata mais de apenas supervisionar e controlar, mas de participar ativamente da cocriação de futuros viáveis, em sintonia com a saúde dos sistemas naturais e sociais dos quais as organizações fazem parte e sobre os quais exercem influência.

Esse reposicionamento do conselho – de órgão fiscalizador para agente de transformação – reforça que, na lógica regenerativa, *accountability* inclui a responsabilização ativa por regenerar os sistemas dos quais a empresa depende. A regeneração, portanto, não é uma opção ética ou reputacional, mas um dever de governança diante de riscos existenciais e responsabilidades intergeracionais.

5.2.5 Equidade

Visa garantir que todas as partes interessadas, sem exceção, especialmente grupos mais vulneráveis e minorizados, sejam incluídos e beneficiados por boas práticas de Governança Regenerativa. Neste sentido, é preciso dar os instrumentos necessários, garantir a escuta ativa de todas as expectativas e ampliar o olhar para garantir igualdade de oportunidades às partes interessadas em posições desiguais.

Da mesma forma, o conceito de *careholders* pressupõe que o olhar de regeneração e externalidades positivas para os negócios deve ser coletivo e que o fim último da Governança Regenerativa deve ser o interesse social e natural, o bem comum.

Um exemplo prático desse compromisso é trazido pela experiência da Dengo Chocolates, que estrutura sua estratégia de negócios a partir de três pilares: respeito a quem produz, inspiração a quem consome e conservação da natureza. Em entrevista para o livro com Estevan Sartoreli, cofundador e membro do conselho da empresa, afirma:

> *"Nosso propósito original é gerar renda decente para pequenos e médios produtores de cacau no Brasil. Para isso, implementamos um sistema de compra direta com pagamento de prêmios acima do preço de mercado, assistência técnica gratuita e incentivo à diversificação da produção. Não entregamos apenas discurso – entregamos ferramentas para que os produtores prosperem". Estevan Sartoreli, cofundador e membro do conselho da Dengo.*

A fala de Sartoreli ilustra como a equidade pode ser operacionalizada de forma concreta, indo além da retórica. Ao prover condições estruturais para que grupos em desvantagem possam se desenvolver economicamente com dignidade, a Dengo exemplifica o que se entende por "dar os instrumentos necessários" – eixo fundamental da Governança Regenerativa.

Na mesma direção, o conceito de *careholders* amplia o escopo da governança para além dos *stakeholders*, ao considerar que a regeneração e os impactos positivos devem ser buscados em benefício coletivo – e não como externalidades colaterais. Como reforça Sartoreli, os compromissos da Dengo são públicos, vinculados a metas específicas e monitorados anualmente. Esse nível de transparência e intencionalidade é o que diferencia práticas regenerativas de ações meramente compensatórias.

CASE DENGO CHOCOLATES

Fundada com o propósito de gerar impacto positivo na cadeia do cacau, a Dengo Chocolates adota um modelo de negócios que alia excelência do produto à transformação socioambiental. A empresa trabalha diretamente com pequenos e médios produtores de cacau da Bahia, especialmente da região da Cabruca, no sul do estado, incentivando práticas agroflorestais e garantindo condições justas de comercialização.

Um dos pilares da Dengo é o pagamento de prêmios acima do valor de mercado para os produtores, associado à assistência técnica gratuita, incentivo à diversificação de culturas e fomento à agricultura regenerativa. Esse modelo permite que agricultores aumentem sua renda de forma sustentável, reduzindo a dependência de monoculturas e aumentando a resiliência socioambiental das propriedades.

A empresa também atua com critérios claros de rastreabilidade e transparência, conectando o consumidor final à origem do cacau e reforçando os laços de confiança na cadeia de valor. A Dengo mantém compromissos públicos e metas de impacto mensuráveis, reforçando seu posicionamento como agente de transformação.

Em 2023, a empresa foi destaque em *rankings* de negócios de impacto no setor de alimentos e reconhecida por práticas com ênfase em justiça social, conservação ambiental e valorização cultural. Seu modelo integra equidade como um vetor estruturante, traduzido em ações concretas, e não apenas em declarações institucionais.

Saiba mais em: *https://www.dengo.com.br*

Na Governança Regenerativa, a equidade é compreendida como uma diretriz ativa, e não apenas um princípio declaratório. Isso implica a adoção de práticas intencionais que reconheçam desigualdades históricas e estruturais, e atuem para superá-las. Os seguintes vetores orientam sua aplicação prática:

- integrar critérios de equidade na definição de políticas internas, especialmente em relação à diversidade, inclusão e justiça socioambiental;
- assegurar que grupos tradicionalmente excluídos (como povos indígenas, comunidades periféricas, populações negras e mulheres) tenham voz efetiva nos processos de consulta e tomada de decisão;
- estabelecer mecanismos de escuta ativa e representação ampliada nos fóruns de governança, garantindo que as decisões considerem múltiplas perspectivas e realidades;
- promover acesso equitativo aos benefícios gerados pela atividade empresarial, como distribuição de valor, capacitação, geração de renda e acesso aos serviços;
- aplicar o princípio da equidade nas relações com fornecedores, parceiros e territórios, fomentando cadeias de valor mais justas e resilientes;
- analisar os impactos socioambientais sob a ótica da justiça distributiva, assegurando que os ônus e benefícios das operações não se concentrem de forma desproporcional sobre grupos vulneráveis;
- adotar indicadores de desempenho que reflitam, além das metas financeiras, também avanços concretos em equidade e inclusão.

A equidade não é uma agenda paralela ou complementar: é um eixo estruturante que orienta o redesenho das relações entre empresa, sociedade e natureza, com base na corresponsabilidade, na regeneração e na reparação ativa de desigualdades.

5.2.6 Inovação

Inovação pode ser definida como o processo de criação, desenvolvimento e implementação de novas ideias, produtos, serviços, métodos ou modelos de negócio que geram valor para pessoas, organizações, a sociedade como um todo e para o planeta. Ela não se limita à tecnologia, podendo ocorrer em diversas áreas – como saúde, educação, meio ambiente ou cultura – e envolver tanto melhorias incrementais quanto transformações radicais. Segundo a OCDE, inovação é a introdução de um produto ou processo novo ou significativamente aprimorado que difere dos anteriores e é colocado em uso ou no mercado.

É imprescindível que as organizações promovam a inovação contínua na busca de soluções que fomentem as boas práticas regenerativas e melhorem os ecossistemas naturais e sociais de nosso planeta.

Neste campo, a tecnologia e a inteligência artificial têm sido importantes aliadas na minimização das externalidades negativas e ampliação das positivas. Ao longo da entrevista com John Elkington, o autor defendeu que a transição regenerativa será impulsionada não por ajustes marginais, mas por inovação radical. Ele afirma que precisamos de soluções exponenciais à altura dos desafios exponenciais que enfrentamos. Para ele, o futuro regenerativo depende de um *mindset* voltado ao redesenho de sistemas:

> *"Estou gastando mais tempo refletindo sobre como redesenhar os mercados para os próximos 75 anos. Precisamos tornar a regeneração o padrão, e não uma opção ética." – John Elkington, referência global em sustentabilidade e inovação para o impacto, criador do conceito de Triple Bottom Line e cofundador da Volans Ventures.*

A Governança Regenerativa requer inovação como força propulsora para transformar modelos empresariais, alinhar negócios aos ciclos naturais e restaurar as condições que sustentam a vida. Neste contexto, inovação não é apenas sobre tecnologias disruptivas ou novos produtos – trata-se de uma mudança de mentalidade orientada pela lógica da regeneração, que propõe reinventar a forma como produzimos, lideramos e nos relacionamos com o meio ambiente.

Esse princípio se manifesta em **três grandes frentes de inovação regenerativa** que já vêm orientando transformações significativas em organizações ao redor do mundo: a **bioeconomia**, a **biomimética** e as **soluções baseadas na natureza (SBN)**. Essas abordagens partem da observação e respeito pelos sistemas vivos, oferecendo caminhos práticos para empresas inovarem de maneira alinhada aos processos ecológicos, naturais. A inovação regenerativa é, portanto, uma mudança de paradigma que transforma a lógica de mercado e coloca a vida no centro das decisões.

A bioeconomia se baseia na utilização de recursos biológicos renováveis para a produção de bens e energia, em substituição aos materiais fósseis. Segundo McCormick e Kautto (2013), a bioeconomia propõe o uso sustentável de biomassa e a integração dos ciclos naturais na produção, gerando menos resíduos e minimizando a pegada de carbono. Esse modelo permite que empresas utilizem materiais como bioplásticos e bioenergia, criando um ciclo produtivo em sintonia com a regeneração ambiental. A OCDE destaca o papel da bioeconomia na transição para um modelo de baixo carbono e na promoção da sustentabilidade em setores estratégicos.

Na prática, a bioeconomia pode ser observada na produção de bioplásticos, que substituem o plástico convencional feito a partir do petróleo. Esses bioplásticos são fabricados a partir de fontes como amido de milho, cana-de-açúcar e resíduos agrícolas, e são biodegradáveis, o que reduz a poluição e facilita a reintegração dos materiais ao solo. Outro exemplo prático está na indústria de bioenergia, em que resíduos agrícolas ou florestais são utilizados para gerar energia, promovendo uma economia de resíduos zero e, ao mesmo tempo, diminuindo a emissão de GEE. Ao transformar resíduos em novos produtos e maximizar a reutilização de materiais, a bioeconomia promove uma economia circular que não esgota os recursos do planeta, mas sim os reintegra de forma cíclica e produtiva.

As **Soluções Baseadas na Natureza (SBN)** constituem outra tendência essencial na discussão sobre Governança Regenerativa. Um exemplo de SBN é a recuperação de áreas úmidas para filtrar poluentes e proteger contra enchentes em áreas urbanas. Manguezais e florestas de várzea, por exemplo, servem como barreiras naturais contra a erosão e aumentam a resiliência costeira, além de serem *habitats* para a biodiversidade local. Em cidades, a criação de infraestrutura verde, como telhados e paredes verdes, reduz a temperatura ambiente, melhora a qualidade do ar e contribui para o bem-estar dos habitantes.

Ao adotar SBN, as empresas e cidades podem reduzir custos de infraestrutura e manutenção, ao mesmo tempo em que promovem a restauração e a preservação dos ecossistemas. Essa abordagem cria uma governança corporativa comprometida não apenas com a mitigação dos danos, mas com a criação de um impacto positivo e regenerativo. Além de promover benefícios ambientais, as SBN geram valor social, contribuindo para a resiliência climática e para a qualidade de vida das comunidades.

A **biomimética,** por sua vez, oferece uma fonte de inspiração ao imitar processos e sistemas naturais para o desenvolvimento de produtos e soluções tecnológicas. É, portanto, a ciência e a prática de imitar soluções da natureza para resolver desafios humanos, aplicando os princípios de adaptação, eficiência e resiliência encontrados nos ecossistemas e organismos. Essa abordagem reconhece a natureza como uma fonte de inspiração para inovações que, além de serem mais sustentáveis, muitas vezes são mais eficientes e duráveis. A obra de Janine Benyus é uma referência fundamental, pois argumenta que a biomimética permite criar tecnologias que funcionem como ecossistemas autorreguladores, promovendo inovação com impacto ambiental reduzido.

Na prática, a biomimética permite que empresas projetem produtos mais eficientes, baseados na inteligência dos processos naturais de adaptação e renovação. Esse conceito é cada vez mais incentivado por gerar oportunidades de inovações sustentáveis e integradas aos ciclos ecológicos. Um exemplo notável é a criação de tecidos impermeáveis inspirados na estrutura das folhas de lótus, que repelem a água e a sujeira naturalmente. Na arquitetura, as colmeias de abelhas servem de inspiração para a construção de estruturas leves e resistentes, economizando materiais e melhorando a eficiência energética dos edifícios.

DICA DE LEITURA PARA QUEM BUSCA APROFUNDAR

Livro: ***Biomimética: inovação inspirada pela natureza***
Autora: Janine M. Benyus
Editora: Cultrix
Publicação original: 1997 (em inglês), traduzido para o português em 2012
ISBN: 978-8531607967

Nesta obra seminal, Janine Benyus apresenta o conceito de biomimética como uma abordagem revolucionária para inovação, baseada na observação e emulação das soluções da natureza. A autora demonstra como princípios de funcionamento dos ecossistemas – como eficiência energética, adaptação, simbiose e autorregulação – podem orientar o desenvolvimento de tecnologias e modelos de negócios mais sustentáveis.

Por que ler:

- entender como empresas podem inovar com base em sistemas naturais;
- explorar exemplos concretos de design regenerativo, aplicáveis a indústrias como arquitetura, energia, agricultura e manufatura;
- ampliar o repertório de soluções sustentáveis inspiradas pela natureza;

Recomendado para executivos que desejam incorporar práticas regenerativas e sistemas adaptativos à estratégia de inovação.

Outro exemplo prático está nos painéis solares que imitam a forma e a orientação das folhas para maximizar a captação de luz, inspirados nos mecanismos de fotossíntese das plantas.

Ao adotar a biomimética, empresas conseguem desenvolver produtos e processos que operam de forma mais inteligente e integrada ao ambiente, reforçando uma governança corporativa que prioriza inovações sustentáveis. Essa abordagem leva as organizações a adotar uma mentalidade que enxerga o ambiente não como um recurso a ser explorado, mas como um sistema a ser respeitado e replicado em soluções práticas e de baixo impacto ambiental e social.

5.2.7 Regeneração (Circularidade)

Se pararmos para refletir: a natureza é sabia e não produz lixo, tudo é reaproveitado e tudo segue um fluxo ativo com um propósito, uma razão de ser.

Quem tem produzido lixo desde os tempos primórdios somos nós: os humanos. E quanto maior a população mundial e quanto mais estímulos para o consumo de bens materiais como um estilo de vida a ser perseguido, mais lixo produziremos e maior será o impacto no planeta e, claro, em nós mesmos. Ou seja, somo todos parte do problema que precisamos resolver. Porém, ainda nos encontramos presos em um modelo mental linear que busca evoluir para a reciclagem. Estamos longe da mentalidade de circularidade nas organizações.

Uma pesquisa recente da Circularity Gap Report (2024), elaborado pela Circle Economy Foundation[88] em parceria com a empresa de auditoria Deloitte aponta que: no ano de 2024, apenas **6,9%** dos materiais consumidos globalmente vieram de fontes recicladas ou reaproveitadas – uma queda em relação aos **7,1%** em 2023 e **9,1%** em 2018 e a produção de insumos virgens cresceu mais rapidamente do que o reaproveitamento, o que compromete metas climáticas e de sustentabilidade.

Os dados acima demonstram (i) o quanto ainda estamos presos ao modelo mental linear, inclusive no design de produtos que ainda é pouco voltado para a circularidade, (ii) que ainda temos um baixo investimento em infraestrutura para reaproveitamento de materiais e resíduos pelas organizações e (iii) que o crescimento econômico ainda

88 Circle Economy Foundation, 2024.

Figura 8 - Transição para Economia Circular

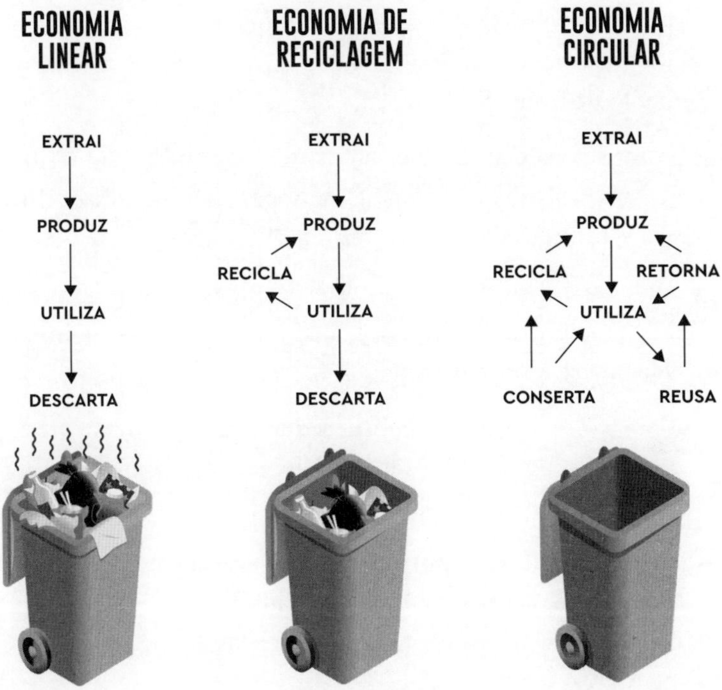

Fonte: A autora (2025).

é fortemente baseado na extração de recursos naturais (vide o capítulo anterior sobre Economia Regenerativa).

A circularidade pressupõe uma mudança do pensamento linear para uma economia circular, que encoraja o uso dos recursos de maneira cíclica, visando à redução da produção de resíduos e a minimização do desperdício mediante a reutilização e reciclagem de materiais.

Desta forma, é preciso que as organizações pensem em soluções inovadoras para minimizar o impacto negativo causado pela produção e descarte de resíduos decorrentes da atividade empresarial.

A circularidade é compreendida como um modelo operacional mais eficiente e como um princípio estruturante que reorienta a forma como os negócios se relacionam com os recursos naturais e os ciclos da vida. Sua aplicação prática envolve:

- redesenhar produtos, processos e modelos de negócio com foco na longevidade, modularidade, reparabilidade e reaproveitamento de insumos;
- promover cadeias de valor circulares, nas quais resíduos de uma etapa produtiva se tornam insumos para outras, reduzindo emissões e pressão sobre os ecossistemas;
- adotar métricas e indicadores específicos para monitoramento do ciclo de vida de produtos, materiais e serviços, com foco na eficiência e na regeneração;
- estabelecer parcerias com fornecedores, *startups* e centros de pesquisa para fomentar inovação regenerativa e desenvolvimento de materiais de baixo impacto;
- investir em infraestrutura e logística reversa para garantir a reintegração de recursos na cadeia produtiva e evitar o descarte prematuro em aterros ou ambientes naturais;
- desenvolver políticas internas de compras sustentáveis e gestão de ativos que priorizem materiais reciclados, renováveis ou biodegradáveis;
- incorporar a circularidade como critério estratégico na avaliação de investimentos, projetos e novos produtos, articulando desempenho ambiental e geração de valor.

Empresas que integram esse princípio com intencionalidade e consistência ampliam sua resiliência, reduzem custos estruturais e alinham-se às exigências de uma economia de baixo carbono e alto comprometimento com a vida.

5.3 GOVERNANÇA REGENERATIVA: PENSANDO A GOVERNANÇA CORPORATIVA DE FORMA HOLÍSTICA, SISTÊMICA E INTEGRADA PARA A REGENERAÇÃO

> *"Um sistema é um conjunto de elementos – pessoas, células, moléculas, o que for – interconectados de tal maneira que produzem seu próprio padrão de comportamento ao longo do tempo. [...] Um sistema pode ser comprimido, deformado, acionado ou dirigido por forças externas. Mas sua resposta a essas forças é característica dele mesmo, e raramente é simples no mundo real. [...] Competidores raramente são os responsáveis diretos por uma empresa perder participação de mercado. Eles buscam vantagem, sim, mas muitas vezes é a própria empresa que, por meio de suas políticas e práticas internas, contribui ativamente para seu declínio." – Donella H. Meadows*

Para entender melhor o conceito de Governança Regenerativa proposto no presente livro é imprescindível que se tenha um olhar sistêmico e integrado.

Pensando nos desafios futuros e sabendo que tudo está interconectado, a visão holística, sistêmica e integrada proposta para uma Governança Regenerativa torna-se fundamental para a longevidade dos negócios sem prejudicar e/ou causar danos aos ecossistemas e aos sistemas sociais que sustentam a vida no planeta.

Por outro lado, como destaca Donella Meadows em *Thinking in Systems* (2008),[89] antes mesmo de sermos treinados na análise racional, já lidávamos intuitivamente com sistemas complexos – e nós mesmos somos um exemplo disso. Nossos corpos são sistemas integrados, interdependentes e autorregulados. Sem precisar recorrer à análise consciente,

89 Meadows, 2008.

muitas vezes desenvolvemos uma compreensão prática de como sistemas funcionam e de como nos relacionamos com eles. Como ela afirma:

> *"O pensamento sistêmico me ensinou a confiar mais na minha intuição e menos apenas na racionalidade do cálculo – a me apoiar em ambos o máximo possível, mas ainda assim estar preparada para surpresas." (Meadows, 2008).*

Podemos afirmar que também as organizações são sistemas vivos complexos e a sua forma de governo deverá levar em consideração não somente uma análise racional, reducionista e compartimentalizada, mas também uma análise intuitiva e holística para a atuação dos seus órgãos de governança, especialmente em uma época na qual o mundo está mais interconectado, interdependente, inconstante, volátil, complexo e incerto.

Neste sentido, quanto mais formas de enxergar o mundo houver (com visões complementares e diversas), mais fácil será navegar neste ambiente, aprimorar habilidades, enxergar interconexões e interdependências na busca pela perenidade dos negócios com criatividade e coragem para reestruturar o sistema, caso seja necessário.

Segundo bem colocado por Donella H. Meadows, "um sistema é um conjunto interconectado de elementos organizados coerentemente de modo a obter alguma coisa... um **sistema é composto por três tipos de coisas: elementos, interconexões e função/propósito**."

Importante ressaltar que, para Meadows (e concordo com ela): a palavra "função" se aplica a um sistema não humano, enquanto a palavra "propósito" se aplica a um sistema humano, mas esta distinção não é absoluta, pois muitos sistemas abrangem tanto elementos humanos quanto não humanos, como no caso do **sistema de Governança Regenerativa** que tratamos no presente livro. Contudo, notem que incluímos a palavra propósito na definição de Governança Regenerativa proposta no capítulo anterior, pois entendemos que não há que se falar em um sistema de governança que funcione sem um propósito bem definido,

IMPORTANTE

Os conceitos de **visão holística** e **visão sistêmica e integrada** são frequentemente usados em contextos semelhantes, mas possuem nuances que os diferenciam.

Visão Holística

A visão holística é uma abordagem que considera o todo como mais do que a soma de suas partes. Ela enfatiza a interconexão e a interdependência de todos os elementos dentro de um sistema. Em outras palavras, ao invés de analisar componentes isoladamente, a visão holística busca entender como esses componentes interagem e influenciam uns aos outros dentro do contexto maior.

Visão Sistêmica e Integrada

A visão sistêmica e integrada, por outro lado, também reconhece a importância das interações entre os componentes de um sistema, mas coloca um foco maior na estrutura e nas relações funcionais entre esses componentes. Essa abordagem é mais orientada para a análise de sistemas complexos, identificando padrões, *feedbacks* e dinâmicas que emergem dessas interações.

Diferenças Principais

Enfoque: a visão holística tende a ser mais ampla e filosófica, enquanto a visão sistêmica e integrada é mais analítica e prática.

Aplicação: a visão holística é frequentemente aplicada em contextos como saúde, educação e desenvolvimento pessoal, em que a compreensão do todo é crucial. A visão sistêmica e integrada é amplamente utilizada em engenharia, gestão de projetos e ciências sociais, nas quais a análise detalhada das interações e estruturas é essencial.

Objetivo: a visão holística busca uma compreensão profunda e abrangente do todo, enquanto a visão sistêmica e integrada visa otimizar e melhorar a funcionalidade do sistema através da análise de suas partes e suas interações.

Embora os conceitos sejam relacionados e muitas vezes usados de forma intercambiável, essas diferenças sutis podem influenciar a forma como são aplicados em diferentes contextos.

direcionador da cultura organizacional e da estratégia de negócios conforme falaremos mais adiante.

Se pensarmos o conceito de sistema proposto por Donella H. Meadows acima, aplicado à Governança Regenerativa, podemos identificar o seu propósito/função, seus elementos (tangíveis: órgãos e agentes de governança, partes interessadas, planeta, e, intangíveis: cultura organizacional, estratégia, entre outros) e as interconexões que mantêm unidos os elementos do sistema de Governança Regenerativa.

O Sistema de Governança Regenerativa é composto por:

(i) propósito,

(ii) elementos tangíveis e intangíveis e

(iii) interconexões,

os quais exploraremos mais detalhadamente a seguir.

5.3.1 A importância do olhar para o PROPÓSITO organizacional como parte integrante do sistema de Governança Regenerativa

> *"Líderes visionários já estão adotando práticas de Governança Regenerativa, indo além da sustentabilidade e colocando a regeneração no centro de suas decisões. Inspirados por esses exemplos, temos a oportunidade de não só segui-los, mas de aprimorá-los e moldá-los às nossas realidades, transformando o conselho de administração em uma força ativa e catalisadora de transformação." - Gabriela Blanchet, autora*

Neste capítulo, exploraremos como as organizações podem **integrar propósito, cultura e estratégia dentro dessa nova lógica.** Discutiremos a importância de um propósito evolutivo sistêmico, que vá além do discurso e guie efetivamente as decisões e ações empresariais. Na sequência, abordaremos o papel da cultura organizacional (como elemento intangível do sistema de Governança Regenerativa) na formulação estratégica, demonstrando **como modelos com menos comando e controle favorecem a regeneração.** Ao final, analisaremos o impacto de uma estratégia regenerativa, que transforma o negócio em um agente positivo de mudança.

O propósito organizacional tem sido amplamente discutido nos últimos anos, mas muitas empresas ainda o tratam como um mero enunciado de marketing, ou como uma missão colocada numa parede, desconectada da realidade operacional. Para ser efetivo, o propósito deve guiar as decisões estratégicas e inspirar a cultura organizacional. Isso significa que ele precisa estar incorporado em todas as dimensões do negócio.

A governança corporativa tradicional convencionalmente esteve voltada para a maximização dos resultados financeiros, priorizando eficiência operacional, previsibilidade e controle. No entanto, esse modelo tem se mostrado insuficiente diante da crescente complexidade dos desafios sociais, ambientais e econômicos do século XXI.

A discussão sobre o proposito organizacional ganhou força em diversos fóruns de governança corporativa como reflexo da necessidade de uma mudança de paradigma para atender as demandas sociais e ambientais da atualidade, e, após o choque provocado pela pandemia da covid-19 em 2020, a qual gerou a necessidade de se rediscutir a forma de se operar os negócios no mundo inteiro.

Neste cenário pós-pandêmico, em agosto de 2020 um grupo de professores e acadêmicos da Universidade de Oxford/Said Business School – Robert G Eccles, Colin Mayer, Rupert Younger e Amelia Miazad – lançou a Enacting Purpose Initiative e um primeiro relatório denominado: *Enacting Purpose within the modern Corporation, a framework for Board of Directors*",[90] no qual afirmam a importância do olhar para o propósito organizacional nas discussões sobre governança corporativa.

90 Enacting Purpose Initiative, 2020.

Segundo afirmam os professores de Oxford, o **propósito é a razão de existir de uma organização**, deve ser durável para além de qualquer mandato de liderança e estável para servir como uma estrela-guia, endereçando questões socioambientais e gerando valor em longo prazo. O propósito informa a missão, a visão e os valores de uma organização. É imprescindível saber a diferença entre **propósito, valores, missão e visão**, cuja confusão ainda hoje continua acontecendo no mundo dos negócios. No relatório acima citado, os professores de Oxford deixam bem clara esta diferença, vide imagem abaixo:

Figura 9 - ***Enacting Purpose Initiative***

Propósito: é a razão de existir de uma organização. Por que o negócio existe?

Valores: é como a organização atua e pode incluir transparência na comunicação, coragem, inovação, respeito, empatia, integridade e responsabilização. Como a organização vai operar?

Missão: é o que uma organização faz e pode evoluir ou mudar a depender de como a gestão desenhar a estratégia de negócios. O que a organização vai produzir?

Visão: é para onde a organização irá. É o resultado que a definição do propósito, orquestrado pela missão e entregue pelos valores vai produzir. Qual o caminho a seguir? Qual a direção?

Fonte: Adaptado de Enacting Purpose Initiative, 2020.

Para refletir o espírito do tempo e com o intuito de padronizar no mundo inteiro boas práticas de governança corporativa, no segundo semestre de 2022 a ISO (International Organization for Standardization) lançou uma norma orientadora sobre governança nas organizações: a ISO 37000, que inovou ao trazer o propósito no centro como um princípio primário de governança, conforme imagem abaixo:

Figura 10 - Princípios da ISO 37000

Fonte: ABNT, 2022.

Todavia, entendo que a discussão sobre o propósito organizacional precisa ser aprofundada. O propósito precisa ser compreendido como parte componente e fundamental do sistema de Governança Regenerativa.

Como mencionei no capítulo anterior, um sistema é composto por: **propósito, elementos (tangíveis e intangíveis)** e **interconexões**.

O propósito corporativo tem se tornado o foco nas discussões sobre governança corporativa. Isto se deve ao fato de que existe uma forte tendência da sociedade, especialmente vindo das novas gerações de questionar e buscar entender "qual o propósito das organizações nas quais trabalham?" ou "qual o propósito das organizações das quais irão consumir produtos ou serviços?". Essa tendência se refletiu nas recentes atualizações de cadernos de governança corporativa no mundo inteiro, inclusive na elaboração da ISO 37000 sobre governança das organizações mencionada acima.

Porém, ainda falta trazer a discussão do propósito como componente fundamental do sistema de Governança Regenerativa como propomos neste livro.

A lógica regenerativa na discussão sobre o propósito surge como uma alternativa essencial para transformar a forma como as organizações operam e interagem com os sistemas dos quais fazem parte. **O propósito fundamenta a cultura organizacional e direciona a estratégia de negócios**.

Ao redefinir o propósito empresarial para incluir a regeneração como parte central da estratégia de negócios, as empresas não apenas mitigam riscos, mas também constroem resiliência e maiores condições de adaptação em um cenário global marcado por crises ambientais e sociais, instabilidade geopolítica e mudanças geográficas. O propósito como componente importante do sistema de Governança Regenerativa é, portanto, um passo evolutivo que traz benefícios tangíveis para todos os *careholders* envolvidos, garantindo a criação de valor duradouro, equilibrado e sustentável.

É fundamental que essa transformação seja capitaneada pelo órgão de governança corporativa que é considerado como o guardião do propósito organizacional: o conselho de administração. Atualmente, é imprescindível que o conselho seja integrado por lideranças comprometidas, capazes de inspirar a mudança organizacional e adotar métricas de sucesso que transcendam o lucro imediato.

Gerir o propósito é uma das responsabilidades do conselho de administração, portanto, é fundamental que haja espaço na agenda temática anual para a discussão sobre alinhamento do propósito com a cultura, estratégia e valores da organização. Hoje em dia já existem metodologias de governança e gestão do propósito como o método SCORE proposto pelos professores de Oxford mencionado no quadro adiante.

Empresas que adotam a Governança Regenerativa deixam de apenas minimizar impactos negativos e passam a atuar ativamente na recuperação e fortalecimento dos ecossistemas sociais, ambientais e econômicos. Essa abordagem exige um novo olhar sobre **propósito, e por consequência, cultura e estratégia**, pois não se trata apenas de mudar processos internos, mas de reconfigurar a lógica de funcionamento do negócio em sua totalidade.

O pensamento sistêmico ensina que nenhuma organização opera de forma isolada; todas as suas ações impactam o ambiente ao seu redor. Empresas que reconhecem essa interconexão compreendem que seu propósito deve ser mais do que gerar valor para acionistas - ele precisa considerar o impacto sobre a sociedade, o meio ambiente e futuras gerações. Segundo Peter Senge (1990), as organizações que adotam uma mentalidade sistêmica conseguem antecipar desafios e oportunidades de maneira mais eficaz. Elas não veem seus problemas de forma isolada, mas como parte de um ecossistema mais amplo. Isso permite que identifiquem soluções inovadoras e sustentáveis, alinhadas ao seu propósito.

Frederic Laloux (2014), em *Reinventando as organizações*, argumenta que empresas bem-sucedidas no futuro serão aquelas que conseguirem equilibrar desempenho financeiro e impacto social positivo. Propõe que **estruturas rígidas e burocráticas sejam substituídas por organizações mais adaptáveis, descentralizadas e orientadas por um propósito evolutivo.** Essas empresas sobrevivem a mudanças e moldam ativamente o futuro em que desejam operar.[91]

91 A lógica regenerativa também desafia a forma como as empresas lidam com a cultura organizacional e a estrutura hierárquica. Brian Robertson (2015), em *Holacracia*, propõe um modelo de autogestão em que a autoridade é distribuída e os colaboradores possuem autonomia para tomar decisões estratégicas. Esse modelo elimina barreiras burocráticas e permite que a inovação ocorra de maneira mais fluida, garantindo maior alinhamento entre cultura e propósito.

Laloux propõe um quadro comparativo para demonstrar como migrar do propósito como vem sendo discutido há alguns anos (que ele denomina como práticas laranja) para um propósito evolutivo (que ele denomina de práticas *teal*):

PROPÓSITO EVOLUTIVO

	Práticas Laranja	**Práticas *Teal***
Conceito de Propósito	O objetivo principal é autopreservação organizacional (independentemente do que a declaração de missão diga)	Organização vista como uma entidade viva com seu próprio propósito evolutivo
Estratégia	Curso estratégico traçado pela alta liderança	Estratégia emerge organicamente a partir da inteligência coletiva dos funcionários autogeridos

A transição para um modelo de Governança Regenerativa exige que o propósito empresarial seja rediscutido e redefinido. Organizações que negligenciam essa transformação podem perder relevância no mercado, enfrentar riscos reputacionais e ter dificuldades em atrair talentos e investidores. O modelo tradicional, focado exclusivamente no retorno financeiro, está sendo progressivamente substituído pelo conceito de **"Valor ao Sistema"**, no qual o sucesso empresarial está intrinsecamente ligado ao bem-estar das comunidades e do planeta.[92] John Elkington costuma destacar que o conceito de System Value propõe que as empresas considerem seu impacto de forma holística, equilibrando retornos financeiros com regeneração ambiental e social.

Propósitos superficiais e desconectados da realidade organizacional, da missão, visão e dos valores, não serão suficientes. Empresas precisam garantir que seu propósito guie sua estratégia e seja refletido em

92 O conceito de "Valor ao Sistema" foi discutido por John Elkington no ESG Summit Europe 2024, onde ele argumentou que as empresas devem evoluir do modelo de "Shareholder Value" (valor para acionistas) e "Shared Value" (valor compartilhado) para um modelo mais amplo e holístico, no qual o sucesso organizacional está diretamente ligado à regeneração ambiental e social. Essa abordagem reforça a necessidade de estratégias empresariais que considerem impactos sistêmicos, indo além da mitigação de danos e buscando ativamente a criação de valor sustentável para o planeta e para as comunidades envolvidas.

sua cultura. Além de impactar a estrutura organizacional, o propósito influencia a forma como as empresas interagem com seus *careholders*. Governança Regenerativa envolve a construção de relações baseadas na transparência, confiança e benefício mútuo.

O pensamento regenerativo também desafia a ideia de que o propósito é estático. Como Laloux (2015) sugere, organizações evolutivas ajustam seu propósito conforme aprendem e interagem com um ambiente em constante mudança. Em última instância, o propósito regenerativo transforma a empresa em um agente de impacto positivo. Ele não é apenas uma ferramenta de diferenciação no mercado, mas uma força impulsionadora de inovação e resiliência organizacional.

Figura 11 - O propósito como guia

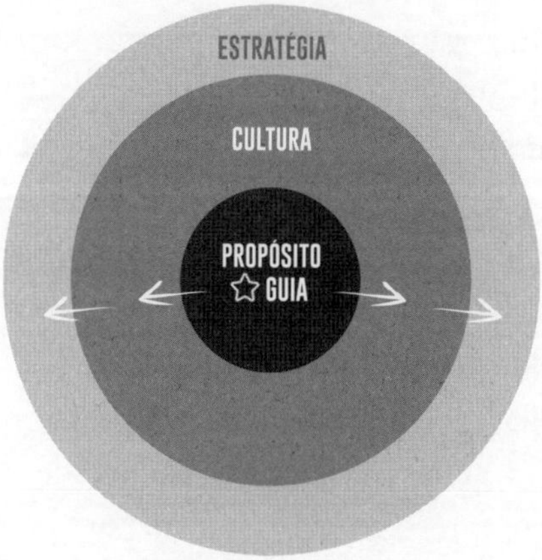

Fonte: Elaborado pela autora.

O desafio está lançado: como líderes empresariais podem integrar essa mentalidade em suas organizações? Como o propósito, a cultura e a estratégia podem ser redesenhados para atender às novas demandas de mercado e da sociedade? Essas são as perguntas que guiarão nossa jornada ao longo deste capítulo.

A experiência da Korin demonstra que propósito e rentabilidade não são opostos. Empresas que integram um propósito genuíno em sua estratégia criam valor em longo prazo, atraindo consumidores e investidores comprometidos com causas socioambientais.

CASO: KORIN

Quando o Propósito Conduz a Cultura e a Estratégia Regenerativas

A Korin, empresa referência na produção de alimentos sustentáveis, é um exemplo concreto de como um propósito bem definido pode guiar a estratégia e a cultura organizacional para gerar impacto positivo nos sistemas em que opera. Sua atuação está baseada nos princípios da Agricultura Natural de Mokiti Okada, que promovem o respeito à biodiversidade, a não utilização de antibióticos na criação animal e a regeneração dos ecossistemas agrícolas.

Diferente das práticas convencionais do setor agroalimentar, a Korin não se limita a minimizar impactos ambientais negativos – seu modelo de negócios é construído para restaurar e fortalecer os sistemas naturais. A empresa desenvolveu uma abordagem inovadora para a pecuária e a agricultura, priorizando métodos que respeitam a saúde do solo, o bem-estar animal e a segurança alimentar dos consumidores.

Um dos pilares centrais da estratégia da Korin é a integração entre propósito e cultura organizacional. Desde sua fundação, a empresa mantém um compromisso claro com práticas regenerativas, garantindo que todas as suas ações estejam alinhadas com esse princípio. Esse alinhamento reflete-se tanto nas decisões estratégicas quanto na governança corporativa, criando um modelo de gestão que incentiva a inovação e a transparência.

Outro diferencial da Korin é sua abordagem colaborativa com a cadeia de valor. Em vez de apenas exigir conformidade com normas ambientais, a empresa trabalha ativamente com seus fornecedores, oferecendo suporte técnico para que adotem práticas agrícolas mais sustentáveis. Esse modelo cria um efeito multiplicador, ampliando o impacto regenerativo para além dos limites da organização.

O sucesso da Korin também demonstra que negócios baseados em um propósito genuíno são capazes de atrair um público cada vez mais consciente. A demanda por produtos livres de antibióticos e de origem sustentável tem crescido significativamente, fortalecendo a posição da empresa no mercado. Essa mudança no comportamento dos consumidores reforça que empresas regenerativas não apenas criam impacto positivo, mas também constroem vantagens competitivas sustentáveis.

Em termos de governança, a Korin adota uma abordagem transparente, priorizando métricas que vão além do lucro financeiro. A empresa mede seu desempenho considerando fatores como saúde do solo, bem-estar animal, impacto social e desenvolvimento sustentável da cadeia de suprimentos. Essa abordagem está alinhada com o conceito de "Valor ao Sistema", defendido por John Elkington, onde o sucesso empresarial está diretamente relacionado à regeneração ambiental e social.

A estratégia da Korin mostra que a regeneração não é apenas viável, mas também lucrativa. Seu crescimento sustentável prova que é possível alinhar propósito, cultura e estratégia para gerar impacto positivo e obter resultados financeiros sólidos.

A principal lição do case da Korin é clara: quando o propósito é autêntico e se traduz em práticas concretas, ele se torna a espinha dorsal da cultura e da estratégia organizacional, permitindo que as empresas não apenas sobrevivam, mas prosperem em um mundo que exige responsabilidade e inovação.

Saiba Mais: O Poder da Regeneração na Estratégia Empresarial – A história da Korin demonstra como negócios podem ir além da sustentabilidade e adotar uma abordagem regenerativa, integrando propósito, cultura e estratégia para gerar impacto positivo. Como a sua empresa pode trilhar esse caminho?

Explore o Método SCORE da Universidade de Oxford para a gestão do Propósito – Uma estrutura que ajuda organizações a medir e integrar princípios regenerativos em sua gestão, considerando Pensamento Sistêmico, Economia Circular, Inovação Aberta, Liderança Regenerativa e Governança Ética.

Conheça os conceitos da Holacracia e das Organizações Evolutivas – Modelos como os descritos por Brian Robertson (Holacracia) e Frederic Laloux (Reinventando as Organizações) oferecem caminhos práticos para descentralizar a gestão e fortalecer a autonomia dos colaboradores.

Transforme sua governança com o conceito de "Valor ao Sistema" – Inspirado por John Elkington, esse modelo propõe que empresas considerem não apenas lucro, mas também seu impacto no ecossistema mais amplo, criando negócios resilientes e adaptáveis.

Quer entender melhor como integrar a regeneração ao seu modelo de negócios? Comece repensando propósito, cultura e estratégia, e descubra novas oportunidades de inovação e crescimento sustentável.

"A Korin é talvez o maior case brasileiro de Governança Regenerativa. Ela une um sistema de produção que respeita o solo, valoriza a agricultura familiar e se estrutura em quatro unidades de negócio integradas por um mesmo propósito de transformação. Isso não é discurso, é prática."
Tarcila Ursini, conselheira do Grupo Korin

5.3.2 Elementos do sistema de Governança Regenerativa

Analisar e listar os elementos de um sistema pode não ter fim, porque os elementos podem ser divididos em subelementos e depois em subelementos outra vez e este processo poderá seguir até que se perca de vista o sistema. No presente livro, optei por fazer o recorte dos elementos, tanto intangíveis quanto tangíveis, que considero mais relevantes para o sistema de Governança Regenerativa, para não o perdermos de vista.

O sistema de Governança Regenerativa é composto por elementos intangíveis: cultura e estratégia, e, tangíveis, entre os quais: acionistas, conselho de administração, comitês, órgãos de fiscalização e controle e diretoria.

5.3.2.1 Elementos intangíveis do sistema de Governança Regenerativa

Como bem pontuado por Donella Meadows, "os elementos do sistema são as partes mais fáceis de notar, já que muitos deles são visíveis e tangíveis." Porém, um sistema também pode ser composto por elementos intangíveis, que podem ser inclusive componentes muito importantes do sistema.

Entre os elementos intangíveis do sistema de Governança Regenerativa, gostaria de focar em dois elementos que entendo como mais relevantes para a jornada regenerativa da organização: (i) cultura e (ii) estratégia de negócios.

- **Cultura Organizacional**

Não poderíamos iniciar o capítulo sobre cultura organizacional como um dos elementos intangíveis em um sistema de Governança Regenerativa, sem mencionar a velha máxima proferida por Peter Drucker[47]: "A cultura come a estratégia no café da manhã". Imagino que a esta altura do livro já esteja mais clara a razão desta afirmação que funciona como um mantra corporativo até hoje. Adaptar a cultura organizacional para que ela seja flexível e esteja em linha com as mudanças do mundo e do mercado é um fator crítico para o sucesso.

---

47 Peter F. Drucker (1909–2005) foi um dos pensadores mais influentes da administração moderna. Considerado o "pai da gestão contemporânea", contribuiu para temas como propósito organizacional, liderança, inovação e responsabilidade social das empresas. Sua obra antecipou debates, como o papel das corporações na sociedade e a necessidade de alinhamento entre estratégia e valores.

A cultura é essencialmente a filosofia que define a missão, a visão, os valores, o que é tolerado ou negligenciado, as prioridades, enfim, é o modo de se fazer as coisas na organização. Está presente na forma como as decisões são tomadas, como os conflitos são enfrentados e como os resultados são celebrados. Pode-se dizer que a cultura é o conjunto de valores, crenças, comportamentos e práticas que definem a forma de operacionalização dos negócios. A cultura é composta por elementos formais: código de conduta, políticas corporativas, entre outros, e, informais (tácitos, invisíveis): tomada de decisões, bate-papo no cafezinho etc.

Edgard Schein[48] em sua obra de referência *Cultura organizacional e liderança*[49] propõe um modelo que facilita o entendimento do conceito de cultura ao comparar com um *iceberg* composto por três níveis diferentes:

Figura 12 – Os três níveis da Cultura Organizacional

Fonte: Traduzido de Schein, 2017.

48 Edgar H. Schein (1928–2023) foi professor do MIT Sloan School of Management e referência global em cultura organizacional. Seu modelo dos três níveis da cultura (artefatos, valores declarados e pressupostos básicos) é amplamente utilizado para diagnosticar e transformar culturas corporativas. Sua abordagem é especialmente relevante para líderes que desejam integrar valores ESG de forma genuína ao tecido organizacional – indo além do discurso para promover mudanças estruturais.

49 Schein (2017).

Olhar para o nível mais profundo da cultura organizacional é fundamental, pois muitas vezes ainda que os valores e as normas estejam expressos em documentos formais na organização, os elementos tácitos e invisíveis são seguidos à risca por todos, sem questionamentos, mesmo não constando expressamente em nenhuma norma ou documento corporativo.

A cultura organizacional é um dos elementos mais poderosos na construção de uma estratégia regenerativa. Se o **propósito define o "porquê", a razão de existir**, a **cultura organiza o "como"**, garantindo que as intenções da empresa se traduzam em práticas concretas. Neste sentido, após a definição e clareza do propósito como visto anteriormente, conhecer qual o tipo de cultura dominante na organização é essencialmente o ponto de partida para qualquer iniciativa de transformação. No contexto da regeneração, ela se torna ainda mais crítica. Modelos de Governança Regenerativa exigem **culturas flexíveis e orientadas para impacto positivo.**

Uma importante função da cultura organizacional é garantir a coesão necessária junto a todos os agentes e órgãos de governança corporativa, de forma a assegurar um total alinhamento com o conjunto de crenças e valores definidos no próprio sistema de Governança Regenerativa.

Em organizações regenerativas, a cultura é naturalmente um reflexo do propósito. Não basta declarar valores inspiradores; é necessário que práticas internas e externas estejam alinhadas e sejam coerentes com o propósito, valores e princípios da organização. A incoerência entre discurso e ação pode comprometer a credibilidade, a reputação e até mesmo a longevidade da organização.

- **Repensando a estrutura organizacional**

Robertson (2015), no livro *Holacracia*, propõe uma estrutura organizacional que elimina hierarquias tradicionais e distribui autoridade de forma mais equitativa. Em vez de uma cadeia de comando rígida, a holacracia adota um sistema baseado em círculos organizacionais, em que decisões são tomadas de forma colaborativa.

Essa abordagem promove uma cultura de maior autonomia e engajamento dos colaboradores. Empresas que adotam modelos descentralizados relatam maior inovação, rapidez na tomada de decisões e um ambiente de trabalho mais inclusivo e participativo.

O modelo tradicional de gestão, baseado em comando e controle, cria barreiras para a inovação e a colaboração. Frederic Laloux (2014) argumenta que empresas bem-sucedidas no futuro serão aquelas que adotarem modelos mais orgânicos, em que a hierarquia é substituída por autogestão.

A PERSISTÊNCIA DO MODELO COMANDO E CONTROLE

Muitos líderes acreditam que suas empresas já avançaram para modelos mais flexíveis e inovadores, mas o **comando e controle ainda se manifesta de diversas formas, muitas vezes de maneira sutil**. Ele pode ser identificado pelo **microgerenciamento**, pela **excessiva burocracia na tomada de decisões**, pela **dependência excessiva da liderança para validações** e pelo **medo de errar, que desestimula a experimentação**.

"Um conselho pode errar, mas não pode ser negligente. Um conselho que aprova investimento sem considerar preço futuro do carbono é negligente pois leva a empresa a tomar decisões com critérios irreais e coloca o seu futuro em risco ." Philippe Joubert - CEO da Earth on Board e especialista global em sustentabilidade corporativa e transição energética.

Joubert ressalta que o conservadorismo dos conselhos, muitas vezes preocupados com o curto prazo, e se escondendo atrás da pressão por desempenho financeiro impede transformações necessárias. Ele propõe que coragem e visão de futuro sejam competências essenciais dos conselheiros como aliás deveria ser a leitura das suas responsabilidades já descritas nas leis e regulações.

1. O microgerenciamento e a falta de confiança

Em empresas onde o comando e controle ainda predomina, o microgerenciamento é uma prática comum. Líderes que supervisionam cada detalhe do trabalho de suas equipes demonstram **falta de confiança nos colaboradores** e criam um ambiente em que as pessoas se sentem incapazes de tomar decisões. Esse comportamento limita a criatividade e gera um clima organizacional baseado no medo e na passividade.

2. Processos burocráticos que engessam a tomada de decisão

Empresas que insistem em aprovações excessivas, reuniões intermináveis e fluxos de trabalho inflexíveis impedem que a inovação aconteça naturalmente. Equipes passam mais tempo **preenchendo relatórios e buscando aprovações do que resolvendo problemas reais**. A burocracia exagerada reflete uma cultura organizacional baseada no controle, na desconfiança e no medo de perder poder dentro da hierarquia.

3. A cultura do "deixe que eu resolvo" nas lideranças

Muitos executivos e gerentes ainda se posicionam como os únicos responsáveis por decisões estratégicas, enquanto seus times atuam apenas como executores. Essa abordagem, além de reduzir o engajamento dos colaboradores, impede que *insights* valiosos cheguem às lideranças, pois a cultura da empresa não estimula contribuições de todos os níveis hierárquicos.

4. Indicadores de desempenho voltados apenas para eficiência e controle

Empresas que medem seu sucesso exclusivamente por produtividade e corte de custos estão reforçando a lógica do comando e controle. Ao invés de incentivar a inovação, criam um ambiente onde os funcionários são pressionados a **cumprir metas numéricas sem questionar processos ineficientes**. Em um modelo regenerativo, a performance organizacional deve ser avaliada com base no impacto positivo gerado, tanto interna quanto externamente.

5. Barreiras hierárquicas que limitam o acesso à liderança

Mesmo empresas que se consideram inovadoras ainda preservam barreiras entre executivos e colaboradores da linha de frente. Escritórios isolados, reuniões fechadas e a dificuldade de comunicação direta com a liderança criam uma cultura de distanciamento e desconfiança. Modelos como a **Holacracia**, de Brian Robertson, propõem uma estrutura mais fluida, na qual os colaboradores têm mais autonomia e acesso direto às lideranças.

6. A resistência aos modelos de gestão mais flexíveis

O medo de perder o controle ainda impede muitas empresas de adotarem modelos mais flexíveis, como autogestão e governança descentralizada. Um exemplo bem-sucedido dessa mudança é a **Buurtzorg**, organização de saúde holandesa que substituiu hierarquias tradicionais por equipes autônomas, resultando em maior eficiência e satisfação dos profissionais.

7. Falta de segurança psicológica para experimentação

Empresas que mantêm uma cultura de comando e controle costumam punir erros, o que desestimula a inovação. Quando os colaboradores temem represálias, eles evitam assumir riscos e preferem seguir ordens sem questionamento. Empresas regenerativas, por outro lado, promovem um ambiente em que **errar faz parte do aprendizado**, incentivando a experimentação e o pensamento criativo.

8. O impacto na estratégia empresarial

Uma cultura baseada no comando e controle não apenas desmotiva os colaboradores, mas também **compromete a execução da estratégia regenerativa**. Se a organização pretende adotar práticas regenerativas, mas mantém processos internos engessados e centralização excessiva, a implementação dessas práticas se torna um grande desafio.

9. A transformação cultural como necessidade para a regeneração

Para que empresas realmente adotem um modelo regenerativo, é preciso substituir a lógica do controle pela lógica da **confiança e da colaboração**. Isso significa empoderar equipes, descentralizar a tomada de decisão e estimular a inovação em todos os níveis.

10. O futuro: de uma cultura de controle para uma cultura de confiança

O desafio agora é **abandonar o medo da descentralização e adotar uma governança mais flexível e inclusiva**. Modelos como os descritos por **Frederic Laloux** (*Reinventando as organizações*) e **Brian Robertson** (*Holacracia*) oferecem caminhos práticos para essa transição. A pergunta que todo executivo deve se fazer é:

"A organização na qual atuo está preparada para operar em um ambiente mais dinâmico, descentralizado e voltado para impacto positivo, ou ainda estamos presos a um modelo de controle que limita nosso potencial?"

A resposta a essa pergunta pode definir não apenas o futuro da organização, mas também sua capacidade de inovação, adaptação e sucesso no longo prazo.

Saiba Mais: A cultura como fator estratégico na regeneração

Conheça a holacracia de Brian Robertson – um sistema de gestão que substitui hierarquias rígidas por uma governança descentralizada baseada em papéis e círculos organizacionais.

Reflita sobre a cultura organizacional da sua empresa – sua estrutura atual incentiva inovação e autonomia ou ainda mantém processos burocráticos que limitam o potencial dos colaboradores?

A mudança para um modelo regenerativo começa na definição do propósito que se reflete na cultura. Executivos que compreendem essa necessidade e agem para transformar suas organizações estarão na vanguarda da nova economia.

Além de impulsionar a inovação, uma cultura regenerativa também fortalece a resiliência organizacional. Empresas que estimulam a experimentação e a aprendizagem contínua estão mais preparadas para lidar com mudanças abruptas no mercado e o surgimento de um concorrente inesperado em virtude do uso da tecnologia.

Empresas que não investem na cultura organizacional enfrentam desafios na implementação de estratégias regenerativas. Muitas iniciativas falham porque não encontram apoio interno ou porque os colaboradores não se sentem parte do processo. A transparência e a inclusão são aspectos fundamentais de uma cultura organizacional na Governança Regenerativa. A tomada de decisões deve envolver diferentes *careholders*, garantindo que diversas perspectivas sejam consideradas.

Uma governança baseada em regeneração exige que a cultura organizacional promova um sentimento de pertencimento e um compromisso genuíno de todos com o impacto positivo. Empresas que conseguem criar esse ambiente fortalecem o engajamento, a criatividade e a produtividade. Transformar a cultura de uma empresa não é um processo simples, mas é essencial para garantir a afirmação do propósito e a implementação da estratégia de forma efetiva. Líderes regenerativos devem atuar como facilitadores dessa mudança, inspirando equipes e promovendo práticas alinhadas aos valores de regeneração e afirmação da vida.

• Estratégia

Se a cultura organiza o "como", a estratégia define o "o quê" e o "para onde". A estratégia corporativa pode não só moldar o futuro da organização, mas também ajudá-la a alcançar o seu propósito, a sua missão. No contexto da Governança Regenerativa, a estratégia de negócios precisa estar ancorada em um propósito bem definido e orientada para a criação de valor – econômico, social, climático, ambiental e relacional. Isso significa deslocar o eixo da tomada de decisão do desempenho financeiro de curto prazo para uma visão sistêmica de impacto positivo e resiliência no longo prazo. O desenho da estratégia deve levar em consideração elementos dentro e fora da organização que farão a diferença para o seu sucesso contínuo, incluindo o olhar para as oportunidades

CASO: BUURTZORG – UMA REVOLUÇÃO NA GESTÃO DA SAÚDE

A **Buurtzorg**, organização holandesa de enfermagem domiciliar, é um dos casos mais emblemáticos de transformação organizacional baseada na **autogestão e descentralização**. Fundada em 2006 por **Jos de Blok, Gonnie Kronenberg e Ard Leferink**, a Buurtzorg rejeitou a estrutura tradicional do setor de saúde, caracterizada por burocracia, hierarquias rígidas e excesso de gerência intermediária, para adotar um **modelo plano e altamente autônomo.**

Em vez de seguir um modelo no qual supervisores controlam o trabalho dos enfermeiros, a Buurtzorg opera com **equipes autogerenciadas**, compostas por no máximo **doze enfermeiros** que tomam decisões sobre o atendimento aos pacientes de forma independente. Essas equipes têm liberdade para organizar seus próprios horários, contratar novos membros e estabelecer suas próprias prioridades, garantindo **maior eficiência e personalização do cuidado.**

Os resultados dessa abordagem são impressionantes: os índices de satisfação dos clientes da **Buurtzorg** são 30% superiores às médias de organizações similares. Além disso, a empresa conseguiu reduzir drasticamente **absenteísmo, custos operacionais e rotatividade de funcionários**, sem comprometer a qualidade do serviço.

Um dos aspectos centrais desse modelo é a **eliminação da gerência intermediária**. Em vez de chefes que controlam o desempenho das equipes, a Buurtzorg oferece um grupo de ***coaches*** que os enfermeiros podem procurar voluntariamente para receber aconselhamento e suporte. Essa abordagem reduz burocracias desnecessárias e dá aos profissionais **mais tempo para focar no atendimento ao paciente.**

A cultura organizacional da Buurtzorg também promove um **forte senso de responsabilidade e pertencimento** entre os enfermeiros. As equipes trabalham diretamente em suas comunidades locais, criando laços com os pacientes e personalizando os cuidados de acordo com suas necessidades específicas. Como resultado, os enfermeiros relatam **maior satisfação no trabalho**, e os pacientes recebem **um atendimento mais humanizado e eficiente.**

Outro fator que diferencia a Buurtzorg é sua **infraestrutura tecnológica simplificada**. A empresa desenvolveu o **BuurtzorgWeb**, um sistema interno de tecnologia da informação que facilita a comunicação entre as equipes e a troca de melhores práticas. Durante a pandemia da covid-19, a Buurtzorg usou essa plataforma para **compartilhar rapidamente informações atualizadas sobre protocolos de atendimento**, garantindo uma resposta ágil às mudanças na crise sanitária.

Apesar do grande sucesso na Holanda, a expansão internacional da Buurtzorg trouxe desafios, especialmente em países com **culturas organizacionais mais hierárquicas**. No Brasil, onde a empresa opera desde 2020, a adaptação exigiu **mudança de mentalidade** dos profissionais de saúde, acostumados com modelos em que a autoridade médica se sobrepõe à autonomia dos enfermeiros. Ainda assim, os resultados preliminares indicam que a transição é possível e benéfica.

A abordagem inovadora da Buurtzorg desafia a crença de que a **gestão tradicional e hierárquica é necessária para garantir eficiência e qualidade**. Seu modelo prova que dar autonomia às equipes e confiar na experiência dos profissionais pode gerar **resultados superiores, tanto em desempenho organizacional quanto em impacto social**.

Para conselheiros, executivos e líderes empresariais, o *case* da Buurtzorg traz reflexões valiosas: será que a estrutura hierárquica da sua empresa está realmente agregando valor ou está limitando o potencial das equipes? Como a descentralização pode impulsionar inovação, engajamento e eficiência no seu setor? Essas são questões essenciais para quem deseja transformar sua organização para o futuro.

e para as ameaças ao futuro da organização. Examinar oportunidades pode expandir o senso do que é possível fazer, além do que já foi feito no passado. Moldar o futuro de uma organização exige uma combinação de raciocínio, planejamento e reação a eventos que emergem pelo caminho. Exige um olhar atento para os riscos, especialmente os emergentes como os climáticos, ambientais e sociais e para as oportunidades relacionadas.

Na prática, uma estratégia voltada para uma Governança Regenerativa não apenas reconhece os limites planetários e as desigualdades sociais como variáveis críticas de risco, mas os trata como **pontos de partida para inovação, diferenciação e construção de vantagem competitiva**. Ela exige a incorporação de métricas integradas de desempenho, a revisão de modelos operacionais e de cadeia de valor, bem como a definição de objetivos que articulem rentabilidade com regeneração.

A adoção de estratégia para uma Governança Regenerativa implica:

- definir um **propósito organizacional claro**, alinhado à vitalidade dos sistemas dos quais a empresa depende (ecossistemas naturais, comunidades locais, tecido institucional);
- **revisar a proposição de valor**, ampliando a lógica de "para quem entregamos valor" e "com quais consequências", incluindo uma visão de longo prazo;
- **alinhar metas e indicadores estratégicos** com critérios ambientais, climáticos e sociais e com os princípios da Governança Regenerativa;
- **reestruturar portfólios de produtos, serviços e investimentos**, priorizando inovação e soluções que contribuam para a restauração ambiental e justiça social;
- **integrar *careholders* na construção da estratégia**, garantindo que a tomada de decisão seja mais participativa, inclusiva e sensível à diversidade de interesses, expectativas e realidades;
- **internalizar externalidades** nas decisões financeiras e operacionais, atribuindo custos e responsabilidades reais aos impactos negativos.

Além disso, a estratégia deve ser adaptativa. Em contextos de incerteza, volatilidade e mudanças regulatórias crescentes, a capacidade de aprender com o ambiente, ajustar rotas e inovar com agilidade se torna um diferencial-chave. Modelos lineares e preditivos dão lugar a abordagens interativas, fundamentadas em experimentação, escuta ativa e inteligência sistêmica. A estratégia se traduz em um processo de aprendizado contínuo que se torna mais inteligente por meio da experimentação e o progresso acontece quando a organização aprende as lições e se adapta às novas realidades e oportunidades.

Executivos que compreendem a estratégia sob essa nova lente não a veem mais como um plano estático, mas como uma **prática contínua de coerência entre intenção, ação e impacto**. Trata-se de uma liderança estratégica que opera a partir de uma visão ampliada de valor – na qual a prosperidade econômica está condicionada à regeneração da vida.

- **Elementos tangíveis do sistema de Governança Regenerativa**

Como mencionado no capítulo anterior, os elementos tangíveis de um sistema são as partes mais fáceis de se notar. No sistema de Governança Regenerativa podemos dizer que os órgãos e agentes de governança são considerados como os seus elementos tangíveis.

Seguindo a proposta do IBGC, escolhemos focar nos órgãos de governança com base no seu Código das Melhores Práticas de Governança Corporativa. Os órgãos, que são os elementos tangíveis do sistema de Governança Regenerativa, e que trabalharemos neste capítulo, são: a assembleia de acionistas (sócios), o conselho de administração e seus comitês de assessoramento, a diretoria e os órgãos de fiscalização e controle.

É claro que quando se começa a listar os elementos de um sistema, este processo praticamente não tem fim, pois os elementos de um sistema podem ser subdivididos em subelementos e assim por diante. Para a análise do sistema de Governança Regenerativa, faremos o recorte com os órgãos de governança citados anteriormente.

Exploraremos adiante o papel de cada um deles no sistema e o impacto que a mudança de *mindset* para uma Governança Regenerativa tem na atuação e nos deveres fiduciários dos órgãos e agentes de governança.

- **Assembleia de acionistas (reunião de sócios)**

Na discussão tradicional sobre governança corporativa, a reunião/assembleia de sócios (acionistas) é a instância decisória máxima da organização. Afinal são os sócios que investem e consequentemente assumem o risco inerente ao negócio ao adquirirem participação societária em uma sociedade. Neste sentido, a estrutura de governança deve proteger e facilitar o exercício dos direitos de sócios, independentemente do tamanho de participação societária detida por eles na organização.

Mas, mesmo quando se facilita o exercício dos direitos de sócios, muitas vezes, o seu papel é definido como restrito à deliberação sobre matérias estatutárias como: eleição de conselheiros, aprovação das contas, distribuição de dividendos, reforma estatutária, reorganizações societárias, entre outras.

Contudo, sob a ótica regenerativa, os sócios (acionistas) não apenas são titulares de direitos políticos e patrimoniais, mas **atores com corresponsabilidade pela definição do propósito organizacional e pela integridade do modelo de negócios**. É fundamental que a assembleia de acionistas seja um elemento vivo tangível no sistema de Governança Regenerativa e não passivo e distante como se costuma verificar em diversas organizações, especialmente as de controle disperso, isto é, sem um controle definido.

Neste contexto, espera-se que os sócios/acionistas, além de cumprirem suas obrigações legais e estatutárias:

- atuem com visão de longo prazo e compromisso com a geração de valor multicapital (financeiro, ambiental, social e reputacional);
- sejam *stewards* da função social e do estatuto ou contrato social, exercendo o direito que têm de influenciar a organização, principalmente mediante participação ativa e voto nas assembleias de acionistas, especialmente sobre temas que impulsionem direta ou indiretamente a regeneração e impactos positivos da organização;
- estejam constantemente engajados com a gestão da organização buscando estimular práticas de Governança Regenerativa;
- **acompanhem ativamente o alinhamento entre propósito e performance orientada à regeneração** e à responsabilidade sistêmica (com impacto inclusive na aprovação em assembleia da remuneração dos administradores);
- **fortaleçam o papel dos conselhos e dos órgãos de fiscalização e controle**, incentivando transparência e prestação de contas sobre

temas sociais, ambientais e climáticos (informações financeiras relacionadas à sustentabilidade do negócio);

- **asseguremm a pluralidade e diversidade na composição do conselho de administração**, incluindo representatividade de gênero, raça, território e visões multissetoriais, garantindo assim um maior equilíbrio entre *expertise* em temas emergentes e experiências setoriais, além de um maior aprofundamento da discussão no processo de tomada de decisão, a partir de múltiplas visões e perspectivas;

Ao assumir uma postura ativa e consciente independentemente do percentual de suas participações societárias ou da quantidade de ações detidas no capital social, os sócios contribuem para legitimar uma governança mais plural, transparente e coerente com os desafios do nosso tempo.

- **Conselho de Administração**

> *"O conselho de administração exerce o papel de guardião do propósito, dos valores, do objeto social da organização e de seu sistema de governança. É o órgão colegiado encarregado da definição da estratégia corporativa, do acompanhamento de seu cumprimento pela diretoria, e da conexão entre a gestão executiva e os sócios em defesa dos interesses da organização." (Código das Melhores Práticas de Governança Corporativa do IBGC, 6ª edição)*

É no conselho que decisões importantes são tomadas com vistas à geração de valor sustentável no curto, médio e longo prazos que impactarão na longevidade da organização, como, por exemplo: alocação de capital/investimentos, definição de riscos materiais ao negócio/acompanhamento da gestão de riscos, definição de diretrizes estratégicas e monitoramento de desempenho/performance, entre outras.

AÇÃO CLIENTEARTH *VS.* CONSELHEIROS DA SHELL REPRESENTA UM MARCO IMPORTANTE NA TENTATIVA DE RESPONSABILIZAR ADMINISTRADORES POR FALHAS NA GESTÃO DE RISCOS CLIMÁTICOS, COM IMPLICAÇÕES DIRETAS NOS DEVERES FIDUCIÁRIOS

Em 2023, a organização ambiental ClientEarth, acionista minoritária da Shell, moveu uma ação derivada contra os membros do conselho da empresa na High Court of England and Wales. A alegação central era de que os conselheiros haviam violado seus deveres legais ao não implementar uma estratégia adequada para lidar com os riscos climáticos, especialmente após a decisão do caso Milieudefensie *vs.* Royal Dutch Shell[47], que exigia da Shell uma redução significativa de emissões de gases de efeito estufa.

ClientEarth argumentou que os conselheiros violaram os seguintes artigos legais relacionados aos deveres fiduciários dos administradores:

- Seção 172 do Companies Act 2006: dever de promover o sucesso da empresa.
- Seção 174: dever de exercer cuidado, habilidade e diligência razoáveis.

Além disso, propôs deveres fiduciários "incidentes", como o de basear decisões sobre riscos climáticos em consenso científico razoável.

47 Em 2023, a organização ambiental ClientEarth, acionista minoritária da Shell, ingressou com uma ação derivada na High Court of England and Wales contra os membros do conselho da empresa. Alega-se que os conselheiros violaram seus deveres legais ao não adotarem uma estratégia robusta de mitigação dos riscos associados às mudanças climáticas, descumprindo, inclusive, os parâmetros definidos na decisão **Milieudefensie *vs.* Royal Dutch Shell (2021)**, que determinava à Shell a obrigação de reduzir suas emissões de gases de efeito estufa em 45% até 2030. O caso reforça o entendimento de que o risco climático pode ser tratado como questão de governança e dever fiduciário, com implicações legais diretas para lideranças corporativas. (Herbert Smith Freehills; 2023).

A corte negou permissão para que a ação prosseguisse, alegando que ClientEarth não apresentou um caso *prima facie* (à primeira vista) convincente. Os principais motivos foram:

• A evidência apresentada não era considerada especializada;

• Não há ainda consenso universal sobre como atingir metas climáticas, dificultando a alegação de que a estratégia da Shell era irracional e insuficiente;

• A corte reconheceu que os administradores da Shell possuem políticas e metas para atingir o *net zero*, e que decisões empresariais envolvem múltiplos fatores de extrema complexidade, com relação aos quais não cabem interferência judicial.

Embora a ação judicial tenha sido rejeitada na Inglaterra, ela:

• Eleva o debate jurídico sobre como os deveres fiduciários podem incluir a responsabilização climática, com o olhar para a inclusão da gestão de riscos climáticos e socioambientais na agenda dos conselhos;

• Pressiona conselhos de grandes corporações a considerar mais seriamente os impactos climáticos e ambientais em suas estratégias;

• Indica que, embora o Reino Unido tenha barreiras legais para ações derivadas, jurisdições com regras diferentes podem ser mais receptivas a esse tipo de responsabilização.

E como um órgão colegiado responsável pela orientação estratégica e pela supervisão/monitoramento da gestão, sua atuação é determinante na consolidação de uma agenda regenerativa, que reflita as atuais demandas socioambientais, demandas estas que, inclusive, têm gerado a responsabilização social, ambiental e climática de administradores.

Historicamente, sempre coube aos conselheiros fazerem as perguntas difíceis sobre como as operações vêm sendo conduzidas pelo time executivo, estabelecendo recompensas ou penalidades com base nos resultados de curto, médio ou longo prazos, sem, todavia, interferir diretamente na operação: *nose in fingers off*.

> *"O conselho tem responsabilidade legal de cuidar dos interesses da empresa [...] a legalidade do modelo atual de governança é questionável, no sentido de que não atende às responsabilidades descritas em lei." - Philippe Joubert, CEO da Earth on Board e especialista global em sustentabilidade corporativa e transição energética.*

Da conversa que tive com Philippe Joubert para a construção deste livro, destaco a ênfase que ele trouxe, baseada em sua experiência, ao fato de que a Governança Regenerativa não é apenas desejável, mas dever legal do conselho, dado que muitos marcos jurídicos exigem cuidado com os interesses da empresa no longo prazo e com os *careholders* - inclusive a natureza. Isso fundamenta a incorporação da regeneração como obrigação fiduciária, e não apenas como diferencial estratégico.

A conexão mais evidente reside na ênfase de Joubert sobre a responsabilidade fundamental e legal do conselho de administração em guiar as organizações para além da sustentabilidade convencional, rumo à regeneração. Ao afirmar que o modelo atual de condução dos negócios é perigoso para sociedade e a economia por não considerar os limites planetários, ele ecoa a premissa da Governança Regenerativa de que os princípios e práticas de Governança Corporativa vigentes estão desatualizados e precisam ser revistos. Para Joubert a perspectiva ecológica e social deve estar intrinsecamente presente nas deliberações do conselho, movendo-o de uma postura reativa e de mero controle para um papel estratégico, prospectivo e alinhado com a saúde dos sistemas dos quais a organização depende e sobre os quais impacta. Isso se alinha perfeitamente com a proposta de evoluir do "*nose in fingers off*" para uma governança ativa na cocriação de um futuro mais resiliente e justo. Esse aspecto é discutido em maior detalhe no Item 5.2.4 Responsabilização (*Accountability*).

De uma certa maneira, esta necessidade de mudança vem sendo observada, especialmente após a pandemia da covid-19 em 2020, em razão da alta volatilidade, instabilidade, incerteza e crescente complexidade do ambiente de negócios, que muitas vezes demandam decisões mais ágeis e uma flexibilidade contrárias a uma atuação mais distante e pontual dos conselhos de administração.

Neste sentido, é notória a percepção de que os conselhos de administração têm atuado cada vez mais próximos da gestão com uma pauta temática cada vez mais extensa, que não se restringe às questões financeiras ou de supervisão da atuação dos executivos, mas engloba também questões relacionadas às práticas sociais, ambientais, climáticas e de regeneração em resposta às demandas atuais de diversos *careholders*.

Esta ampliação do papel dos conselhos e do rol de matérias para a sua deliberação e a necessidade de uma tomada de decisão mais dinâmica têm demandado um engajamento contínuo dos conselheiros (inclusive antes e após as reuniões), uma maior dedicação de horas e um aumento no número de reuniões, o que faz com que a tradicional expressão *nose in fingers off* para a atuação dos conselhos precise ser revisitada.

Atualmente, é esperado que os conselhos atuem de forma mais próxima à gestão para a geração de valor sustentável, a partir da definição do apetite ao risco, de uma avaliação de tendências, oportunidades, ameaças e eventos externos que possuem potencial para impactar a estratégia de negócios no curto, médio e longo prazos.

Assim, além das atribuições legais e estatutárias, no modelo de Governança Regenerativa, os conselhos devem:

- **garantir a promoção e disseminação de uma cultura ética orientada para a afirmação da vida,** a partir da definição, fortalecimento e gestão do propósito organizacional;

- **integrar a lógica de múltiplos capitais na formulação e monitoramento da estratégia corporativa**, garantindo que objetivos financeiros sejam equilibrados com impactos sociais, climáticos e ambientais visando atender os interesses de diversos *careholders*;

- **zelar pela escolha de um diretor presidente que seja coerente com o propósito da organização e assegurar a pluralidade e diversidade na composição dos órgãos de gestão executiva**, incluindo representatividade de gênero, raça, território e visões multissetoriais com vistas à criação de valor em longo prazo e ao fortalecimento de práticas de Governança Regenerativa;

- montar um calendário anual de reuniões do conselho a partir de uma visão holística abrangendo todos os temas que precisam ser cobertos pelo conselho, com abertura de espaço para temas essenciais para o futuro da organização, ainda que não tenham impacto de curto prazo, mas que precisam ser trabalhados proativamente;
- deliberar com base em impactos financeiros e materiais (dupla materialidade[50]) a partir da análise de riscos climáticos e socioambientais, entre outros que sejam materiais para a organização, tratando-os como elementos centrais de sustentabilidade econômica;
- desenhar um **sistema de incentivos que reflita o propósito regenerativo** da organização, promovendo decisões alinhadas com a criação de valor sustentável no longo prazo, o bem-estar coletivo e a resiliência dos sistemas socioambientais dos quais a organização faz parte;
- analisar profundamente os investimentos e financiamentos de novos produtos e serviços com foco em gerar valor regenerativo, promovendo soluções que regenerem ecossistemas, fortaleçam comunidades e impulsionem modelos econômicos circulares e inclusivos;
- aprimorar cada vez mais a comunicação interna com outros órgãos de governança, mas também com os diversos *careholders* externos, proporcionando a todos esses públicos uma elevada

50 A noção de **dupla materialidade** amplia o conceito tradicional de materialidade ao incorporar, além dos impactos financeiros que fatores ESG exercem sobre a empresa, os impactos que a própria empresa gera sobre a sociedade e o meio ambiente. Ou seja, considera tanto a perspectiva do investidor quanto a dos *stakeholders* afetados. Esse conceito é central nos padrões de reporte do CSRD (Corporate Sustainability Reporting Directive) e dos European Sustainability Reporting Standards (ESRS), e vem sendo incorporado em *frameworks* de reporte integrados e na regulação de sustentabilidade empresarial na União Europeia.

A PRÁTICA DA REGENERAÇÃO COMO FUNDAMENTO DA GOVERNANÇA: O CASO DENGO CHOCOLATES

A Dengo Chocolates se posiciona como uma das empresas brasileiras que já transitam da sustentabilidade para a regeneração. Fundada em 2017 com o propósito de valorizar o cacau de qualidade e melhorar a renda dos produtores do sul da Bahia, a empresa integra impacto social, valorização da cultura local e desenvolvimento territorial. Em entrevista com Estevan Sartoreli, cofundador e membro do conselho da Dengo Chocolates, é possível perceber a transversalidade da regeneração e sua conexão com o propósito da organização.

"Na Dengo, a sustentabilidade não é uma área ou um comitê isolado. Segundo Estevan Sartoreli, o papel da regeneração deve ser transversal, e a empresa optou por não criar um comitê de sustentabilidade, mas sim um comitê de impacto – sinalizando a necessidade de ampliar o olhar e integrar a regeneração aos processos de decisão estratégicos"

A experiência da Dengo mostra como uma estrutura de governança pode nascer integrada ao propósito organizacional, mesmo em empresas em estágio inicial. Desde sua fundação, a empresa estruturou um conselho de administração estatutário e adotou práticas como auditoria externa. Para Estevan Sartoreli, essa escolha foi estratégica, mas também exigiu ajustes ao longo do caminho:

"A governança e o impacto são fundações da Dengo. Elas nasceram juntas. Nossa governança não é um adendo para reportar ao mercado ou uma obrigação legal. É

um meio de garantir coerência com nosso propósito. Talvez tenhamos começado com um nível de governança muito mais sofisticado do que nossa operação comportava naquele momento. Isso gerou aprendizados importantes."

Sartoreli também reflete sobre o papel dos conselhos no avanço da sustentabilidade empresarial. Em suas palavras:

"A maior parte dos conselhos trata sustentabilidade como algo secundário. Isso precisa mudar. Sustentabilidade precisa fazer parte do processo decisório central, e não ser tratada como algo periférico, delegado a uma área de apoio."

A experiência da Dengo Chocolates demonstra que é possível integrar propósito, impacto e governança desde o início – mas também mostra que essa escolha exige alinhamento real entre estrutura e prática.

transparência sobre o seu modo de atuação, especialmente demonstrando como o conselho vem agregando valor sustentável à organização (uma sugestão é fazer essa comunicação nos moldes do *governance report* do Reino Unido, por exemplo);

- estimular a gestão na elaboração de políticas corporativas voltadas para práticas de regeneração pela organização;
- estimular a criação de comitês de assessoramento com competências técnicas especialmente em clima, inovação regenerativa, direitos humanos e cadeia de valor, conforme veremos a seguir.

- **Comitês de assessoramento ao conselho**

Os comitês de assessoramento ao conselho podem ser órgãos estatutários ou não e têm a função de auxiliar os conselhos de administração no exercício de suas atribuições, sem poder de deliberação, apenas de recomendação, que pode ser seguida ou não pelo conselho.

A ampliação de temas a serem debatidos na agenda dos conselhos, muitas vezes demandando uma certa profundidade na construção do processo decisório, cujo tempo nem sempre está disponível nas reuniões de conselho, faz com que tais comitês ganhem cada vez mais relevância e sejam peça chave na estrutura de governança.

Os comitês devem idealmente ser compostos por conselheiros que tenham experiência e independência em sua atuação. É importante que sejam sempre coordenados por um membro do conselho, preferencialmente, um membro que não esteja coordenando outro comitê para que haja a dedicação necessária para o andamento dos trabalhos em conformidade com o calendário e pauta temática anual.

No Brasil, diferentemente de outros países como Estados Unidos e Reino Unido, nos quais somente membros do conselho podem integrar comitês de assessoramento ao conselho, se observa a figura do especialista externo como membro integrante em determinados comitês, especialmente nos comitês de sustentabilidade, o que pode ser interessante para o aprofundamento e adequado endereçamento das questões relacionadas à regeneração e impacto positivo da organização.[51]

Na Suzano, empresa brasileira que atua no setor de papel e celulose, por exemplo, o **Comitê de Sustentabilidade** (que tem como objetivo assessorar a companhia a pensar estrategicamente o futuro, incluindo discussões sobre temáticas globais e latentes e em que medida pode contribuir para a transformação de alguns cenários, como o de mudanças climáticas) é composto por membros do conselho de administração e membros especialistas externos, dois deles grandes executivos, pioneiros nas discussões sobre sustentabilidade, os quais tive a honra de entrevistar para o presente livro: Fábio Barbosa e Philippe Joubert.

---

51 Di Miceli Da Silveira (2021).

"O papel do Comitê de Sustentabilidade é provocar, trazer temas novos, tensionar com responsabilidade e mostrar caminhos. A Suzano teve a coragem de criar esse espaço no conselho com especialistas externos justamente para isso: desafiar e ampliar a visão tradicional de negócio." Fábio Barbosa – membro do comitê de sustentabilidade da Suzano

No sistema de Governança Regenerativa, comitês especializados de sustentabilidade/regeneração, riscos (incluindo os ambientais, sociais e climáticos) ou inovação, são instrumentos importantes para aprofundar debates, construir consistência técnica na Governança Regenerativa e contribuir para uma diferenciação estratégica da organização, especialmente no longo prazo.

"Estamos vivenciando uma mudança profunda no papel dos comitês. Deixam de ser apenas instâncias técnicas para se tornarem espaços de escuta ativa, de conexão com o mundo e com diferentes temporalidades. Isso inclui pensar impactos geracionais e interdependências com outros sistemas vivos." Tarcila Ursini - membro do comitê de sustentabilidade do grupo Simpar, uma holding brasileira que atua nos setores de mobilidade, logística, locação e serviços ambientais (Movida, JSL, Vamos)

Em algumas organizações, dada a complexidade da discussão sobre temas como regeneração, mudanças climáticas e outros temas correlacionados, já se nota a junção de alguns comitês de assessoramento ao conselho em um único comitê para tratar de temas transversais, como por exemplo na vinícola com sede no Chile, Concha y Toro, que possui um comitê de assessoramento ao conselho de ética e sustentabilidade para apoiar o conselho no monitoramento da execução do plano estratégico, especialmente com relação às práticas ambientais e climáticas da organização e sua cadeia de valor,[52] e, na empresa de logística marítima com sede em Singapura, AET, que possui um comitê de assessoramento ao conselho de **auditoria, risco e sustentabilidade** (*audit, risk and sustainability committee – ARSC*) para apoiar o conselho no monitoramento da incorporação de questões relacionadas à geopolítica e riscos emergentes no ERM (*Enterprise Risk Management*) para salvaguardar os interesses, a resiliência e manter a eficiência operacional da organização, além de capitalizar oportunidades de mercado.[53]

Os comitês têm se tornado cada vez mais estratégicos (inclusive os comitês de auditoria como veremos adiante) na jornada para a implementação de boas práticas de Governança Regenerativa nas organizações.

- **Diretoria**

> *"Cabe à diretoria a execução da estratégia da organização, buscando caminhos que permitam o alcance de seus objetivos financeiros e não financeiros. Ao escolher esses caminhos, a diretoria deve buscar adotar o conceito do pensamento integrado a fim de garantir que a ocorrência de externalidades negativas seja minimizada e as positivas ampliadas." (Código das Melhores Práticas de Governança Corporativa do IBGC, 6ª edição)*

A diretoria executiva é responsável pela implementação das estratégias discutidas e aprovadas pelo conselho, pela gestão do dia a dia da organização de forma a perseguir o propósito organizacional e pela mobilização das equipes em direção aos objetivos estabelecidos em linha com a cultura e os valores da organização.

52 CLIMATE GOVERNANCE INITIATIVE. *Case Study: Viña Concha y Toro*. Hub CGI, 2024. Disponível em: https://hub.climate-governance.org/article/vina_concha_y_toro_case_study. Acesso em: 1 ago. 2025.

53 AET. *Annual Review 2024/2025*. Kuala Lumpur: AET Tanker Holdings Sdn Bhd, 2025. Disponível em: https://www.aet-tankers.com/awcontent/Web/Documents/AET-Annual-Review-2024-2025-(1).pdf. Acesso em: 1 ago. 2025.

Em uma lógica regenerativa, a diretoria deve traduzir o propósito em ação concreta e articulada, com o olhar para todos os *careholders* (buscando ampliar as externalidades positivas para além do retorno financeiro aos acionistas/sócios). Neste sentido, entre suas atribuições para uma jornada regenerativa na organização, destacam-se:

- **garantir que as operações estejam alinhadas com o propósito organizacional e os princípios de Governança Regenerativa**, promovendo circularidade, inclusão, justiça social e uso sustentável dos recursos ecossistêmicos;
- **liderar pelo exemplo** criando ambientes inclusivos, psicologicamente seguros, justos e éticos na organização, com empatia, espaços de troca entre pessoas (inclusive pares) e autonomia que impulsione a criatividade e a inovação;
- **promover uma cultura ética ampla** e dar efetividade ao cumprimento do código de conduta ética da organização;
- implementar sistemas de monitoramento que considerem **indicadores de performance ambientais, sociais e climáticos (projetados para a regeneração) integrados aos objetivos estratégicos de curto, médio e longo prazos**;
- implementar um sistema de gerenciamento de riscos, especialmente os riscos emergentes, como os ambientais, sociais, geopolíticos e climáticos, que seja compatível com o apetite ao risco definido pelo conselho;
- implementar um sistema eficiente de controles internos e de informação que promova uma maior transparência e confiabilidade na gestão executiva, com elaboração de políticas (inclusive de sustentabilidade) e com limites de alçada para a sua atuação;
- **promover uma cultura de inovação orientada ao impacto positivo**, fortalecendo a experimentação, o aprendizado e a escuta ativa de diversos *careholders*, buscando entender profundamente não só os impactos financeiros, mas também os impactos materiais do negócio (para a sociedade e para o planeta);

- divulgar amplamente e com qualidade as informações financeiras, incluindo as financeiras relacionadas à sustentabilidade, que sejam relevantes para os diversos *careholders* (especialmente aquelas que possam influenciar as decisões de investidores), ampliando a transparência para além das exigências legais e regulatórias;
- desenvolver parcerias com organizações da sociedade civil, movimentos sociais, academia e comunidades aproveitando ao máximo esta inteligência coletiva em rede para a cocriação de soluções regenerativas.

A capacidade da diretoria de criar vínculos entre propósito, cultura, estratégia e operação é fundamental para que a transição não se limite ao plano simbólico, mas se materialize em mudanças estruturais no modelo de negócios.

Para atingir estes objetivos, especial atenção deve ser dada à escolha do(a) diretor(a)-presidente (CEO). Nos anos de 2024 e 2025, participei de dois *workshops* exclusivos para conselheiros e conselheiras de vários países promovido pelo Fórum Econômico Mundial em parceria com a Iniciativa de Governança Climática em Genebra e, nas rodas de discussão, foi unânime a afirmação do quão importante é a escolha do(a) diretor(a)-presidente (CEO) para que temas como regeneração, transição para uma economia de baixo carbono, questões sociais e relacionadas à perda sistêmica de biodiversidade sejam efetivamente incorporadas na estratégia de negócios, para além das ações restritas à área de sustentabilidade corporativa.

O(a) diretor(a)-presidente possui um papel chave na jornada de Governança Regenerativa, pois as suas ações (e decisões) reverberam em todo momento na organização, e não apenas entre os demais membros da diretoria. É o(a) diretor(a)-presidente quem, juntamente com os membros do conselho de administração, dita o tom que vem do topo. Adicionalmente, o diretor-presidente tem o importante papel de ser o elo entre o conselho e a diretoria executiva.

Não é por outra razão que, se há a troca de uma liderança, de um diretor-presidente que seja cético em relação às mudanças climáticas, por um outro que acredite nas mudanças climáticas e nas organizações como importantes atores econômicos para esta agenda, o sistema de Governança Regenerativa mudará radicalmente, embora todos os colaboradores da empresa e os órgãos de governança permaneçam os mesmos.

- **Comitês Executivos (ou de Gestão):**

Diante da incerteza futura e complexidade cada vez maior do ambiente de negócios, do aumento dos temas que impactam direta ou indiretamente as organizações e das rápidas mudanças que demandam decisões cada vez mais ágeis e certeiras, os comitês executivos são importantes ferramentas de governança.

Os comitês executivos geralmente são compostos por membros da diretoria que precisam lidar com temas emergentes e tomar decisões sobre tais temas a partir de uma perspectiva transversal, multidisciplinar e integrada (na qual a visão de diversos departamentos é fundamental para o processo decisório).

Nos últimos anos, comitês executivos têm sido criados para atender por exemplo às exigências das novas normas de sustentabilidade, as IFRS S1 e S2 emitidas pelo IFRS (abaixo do qual está o ISSB) que tratam da divulgação de informações financeiras relacionadas à sustentabilidade e ao clima para o mercado.

Além de propiciar um melhor processo decisório, os comitês executivos são importantes por facilitarem o fluxo e a troca de informações entre as diferentes áreas da organização, evitando que se formem os silos organizacionais.

- **Órgãos de fiscalização e controle**

> *"Os sócios, o conselho de administração e a diretoria podem contar com órgãos e estruturas de governança para apoiá-los no exercício de suas atribuições, em particular, nas funções de fiscalização e controle." (Código das Melhores Práticas de Governança Corporativa do IBGC, 6ª edição)*

Os órgãos de fiscalização e controle – incluindo conselhos fiscais, auditorias internas e externas, comitês de ética, estruturas de *compliance* e o comitê de auditoria – garantem a integridade, a legalidade e a transparência da organização.

Em uma Governança Regenerativa, seu escopo é ampliado para incluir **a verificação do compromisso com as dimensões éticas, socioambientais e climáticas da estratégia**.

Sob a ótica da Governança Regenerativa, esses órgãos devem:

- **auditar e monitorar o cumprimento dos compromissos públicos e metas de regeneração e descarbonização** estabelecidas pela organização;
- supervisionar os riscos reputacionais e legais associados às condutas negligentes em relação ao meio ambiente, clima e às comunidades;
- apoiar a transparência ativa da empresa, promovendo relatórios integrados e comunicação clara com os *careholders*;
- avaliar a coerência entre o discurso institucional e a prática operacional, atuando como instâncias corretivas e de aprendizagem organizacional.

Com esse papel ampliado, os órgãos de controle deixam de ser apenas garantidores de conformidade e passam a ser **atores-chave para a jornada de Governança Regenerativa**.

- **Interconexões entre os órgãos de governança**

Como vimos anteriormente, o sistema de Governança Regenerativa é um conjunto interconectado de elementos organizados de forma coerente, composto por: propósito, elementos intangíveis como: cultura e estratégia; elementos tangíveis que são os órgãos de governança e as interconexões entre eles, conforme trataremos neste capítulo.

Perceba que o sistema de Governança Regenerativa não é estático, é um sistema vivo e dinâmico, que pode mudar, se adaptar, se tornar resiliente e, em muitos casos, evolucionário.

O PAPEL DO COMITÊ DE AUDITORIA ESTÁ EVOLUINDO DE FORMA SIGNIFICATIVA COM A RECENTE INTEGRAÇÃO DAS INFORMAÇÕES FINANCEIRAS RELACIONADAS À SUSTENTABILIDADE AO BALANÇO E DEMONSTRAÇÕES FINANCEIRAS DA ORGANIZAÇÃO

Quando ampliamos a lente para incluir regeneração, o comitê de auditoria, que tem tradicionalmente focado em conformidade financeira, controles internos e riscos, começa a incorporar no seu escopo de atuação:

- **informações financeiras relacionadas** às **questões ambientais, sociais e climáticas**: avaliando a confiabilidade dos relatórios e métricas financeiras relacionadas à sustentabilidade e ao clima que impactam diretamente o desempenho e a reputação da empresa;
- **indicadores de valor sustentável**: analisando as questões relacionadas às emissões de carbono, ao uso de recursos naturais e serviços ecossistêmicos e os impactos financeiro e material no longo prazo;
- **riscos e oportunidades regenerativas**: identificando como práticas regenerativas podem mitigar riscos (por exemplo, perda de biodiversidade, escassez de recursos) e abrir caminhos para a inovação gerando vantagem competitiva.

O olhar para a regeneração transforma o comitê de auditoria em:

- **curador de impacto positivo**: **não apenas vigilante contra riscos, mas também promotor de práticas que criam valor sustentável.**
- **parceiro estratégico**: atuando junto a lideranças para garantir que decisões financeiras estejam alinhadas **às** metas regene-

rativas – como restauração de ecossistemas, justiça social e circularidade econômica.

- **avaliador da transparência**: conferindo se as demonstrações financeiras incluem metas regenerativas claras, métricas confiáveis e evidências de progresso.

Exemplo prático:

Se uma determinada organização investe em agricultura regenerativa, o comitê de auditoria deve analisar:

- custos e retornos projetados,
- indicadores de saúde do solo e captura de carbono,
- riscos regulatórios e reputacionais,
- e como tudo isso é reportado aos *careholders*.

Esse papel ampliado tem exigido que os membros do comitê de auditoria desenvolvam competências multidisciplinares, entendendo não só sobre contabilidade e auditoria, mas também sobre sustentabilidade, materialidade de impacto, ciência ambiental, indicadores sociais e inovação estratégica, por exemplo.

São as interconexões entre os órgãos e agentes de governança que mantêm os elementos do sistema de Governança Regenerativa junto. Segundo bem pontua Donella Meadows na obra *Pensando em sistemas*: "Muitas interconexões no sistema operam por meio de um fluxo de informações. As informações mantêm os sistemas juntos e desempenham um grande papel no modo como operam."[54]

54 Meadows (2021).

Neste sentido, tendo como base o princípio da transparência, a troca de informações de qualidade entre os diversos agentes e órgãos de governança é fundamental para o bom funcionamento do sistema de Governança Regenerativa. São esses fluxos de informações que alimentam os processos decisórios e as ações dentro do sistema de Governança Regenerativa.

Se as interconexões mudam, o sistema pode ser bastante alterado. A alteração dos relacionamentos ou um inadequado fluxo de informações entre os órgãos da governança podem mudar o comportamento (série de eventos ao longo do tempo) do sistema.

Por isso mesmo, a figura do *governance officer* é fundamental para garantir a integridade do fluxo de informações entre os órgãos de governança.

Segundo o IBGC, a figura do *governance officer* é importante para dar fluidez e aprimorar o funcionamento do sistema de governança e aumentar a qualidade do processo decisório. É o *governance officer* o grande gestor das práticas de governança da organização. Costumo dizer que é quem faz a roda da governança girar.

O *governance officer* tem uma importância estratégica dentro do sistema de Governança Regenerativa ao atuar para que o fluxo de informações e os relacionamentos entre os diversos elementos do sistema funcionem adequadamente, com transparência do processo (incluindo o decisório) e a devida equidade no acesso às informações e dados pelos diversos órgãos de governança. Para tanto, muitas vezes se faz necessária a mediação de conflitos e o desenvolvimento de habilidades relacionais do *governance officer*, que precisa atuar também com independência e acesso direto ao conselho de administração.

Na imagem abaixo busco demonstrar o sistema de Governança Regenerativa com um recorte dos relacionamentos, fluxos e interações entre os elementos tangíveis, de forma que reflita um sistema vivo, dinâmico, adaptativo e que interage constantemente com o ambiente no qual se encontra inserido (como devem ser as organizações regenerativas):

Figura 13 - Sistema de Governança Regenerativa

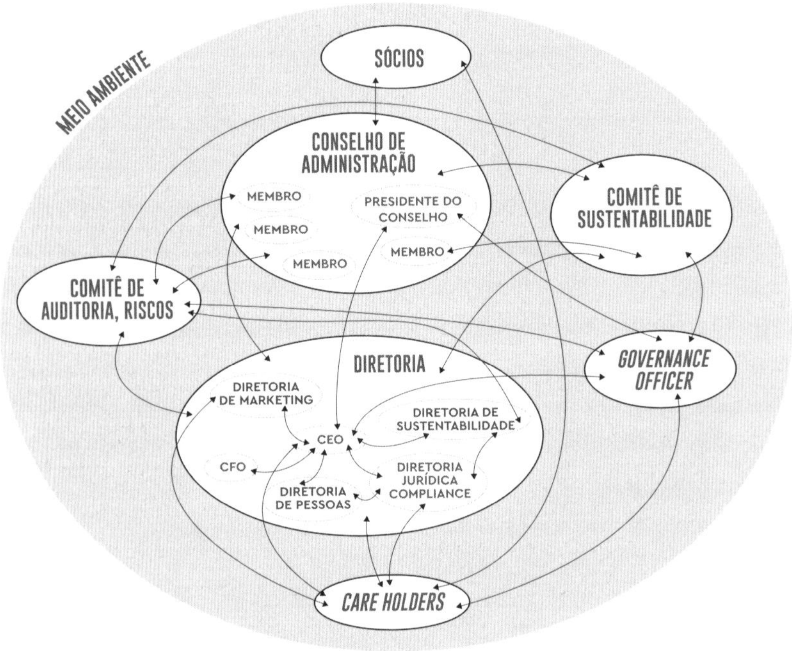

AS SETAS DUPLAS REPRESENTAM O FLUXO DE INFORMAÇÕES E DADOS

CEO= *CHIEF EXECUTIVE OFFICER* (DIRETOR PRESIDENTE)
CFO = *CHIEF FINANCIAL OFFICER* (DIRETOR FINANCEIRO)

Fonte: a autora (2025).

6

LIDERANÇA REGENERATIVA: GUIANDO A TRANSFORMAÇÃO

"A Governança Regenerativa começa no conselho, no espaço onde a visão encontra a responsabilidade. Como líderes, temos o poder de catalisar essa mudança, orientando as empresas para que não apenas evitem danos, mas que revigorem e fortaleçam os ecossistemas e comunidades com as quais interagem. Somos nós que traçamos o caminho para uma era de propósito e impacto." Gabriela Blanchet, autora

Os conselheiros devem estar aptos a promover a Governança Regenerativa. Segundo Hardman (2011), pensar e construir organizações regenerativas exige uma redefinição de nossa identidade como sujeitos. Com base na Teoria Integral de Ken Wilber, ele descreve um processo de liderança comprometido em restaurar os danos socioambientais causados pela atividade humana, devolvendo vida e futuro aos ecossistemas.

De modo semelhante, penso que para aplicar e viabilizar a Governança Regenerativa, conforme destacado na apresentação deste livro, o conselho exerce papel de guardião do propósito organizacional, da cultura, da estratégia empresarial e da governança corporativa, portanto, tem papel primordial nessa missão de capitanear o barco em direção à regeneração. Cabe ao conselho conduzir as organizações nesta jornada transformacional.

Dessa forma, qualquer movimento regenerativo inicia-se com o foco na consciência humana (crenças, valores, disposições) e não apenas em mudanças comportamentais. Como destacado por diversos estudiosos da liderança organizacional, "nós continuamos tentando entender os problemas de hoje utilizando modos de pensar do passado".

6.1. A MUDANÇA COMEÇA EM NÓS

> *"Este é o momento de reimaginar o impacto da liderança. Ao assumir a responsabilidade pela regeneração, não apenas moldamos o futuro de nossas empresas, mas também o futuro do mundo que queremos deixar para as próximas gerações. Que a governança seja, acima de tudo, um legado de vida, propósito e renovação." Gabriela Blanchet, autora*

A liderança regenerativa parte da premissa de que mudanças estruturais só acontecem quando líderes se comprometem a transformar suas próprias perspectivas e valores. No cenário corporativo, isso implica uma reorientação estratégica que ultrapassa a governança tradicional, envolvendo a cultura organizacional em um movimento de aprendizado e renovação.

Os Inner Development Goals (IDGs)[55] surgem como um referencial para o desenvolvimento interno dos líderes e conselheiros. Essa

55 Inner Development Goals (IDGs) são um *framework* que identifica habilidades e qualidades internas essenciais para o desenvolvimento sustentável e a resolução de desafios globais. Criado como um complemento aos Objetivos de Desenvolvimento Sustentável (ODS) da ONU, os IDGs enfatizam o crescimento pessoal e coletivo em cinco dimensões: Ser, Pensar, Relacionar, Colaborar e Agir. Para mais informações, acesse *innerdevelopmentgoals.org*.

estrutura enfatiza habilidades essenciais, como pensamento sistêmico, conexão com a natureza, empatia e coragem moral. A incorporação desses aspectos na governança empresarial é essencial para impulsionar a regeneração.

Para que essa abordagem seja eficaz, os líderes devem cultivar uma mentalidade de aprendizado contínuo. A complexidade dos desafios atuais exige um novo tipo de agilidade intelectual e emocional. A disposição para desaprender paradigmas ultrapassados e abraçar novas formas de gestão é fundamental para a consolidação da Governança Regenerativa.

Além disso, lideranças regenerativas precisam equilibrar racionalidade estratégica com intuição e propósito. Empresas que fomentam uma cultura de reflexão e autoconhecimento tendem a criar ambientes mais inovadores e resilientes. A Governança Regenerativa não se baseia apenas em métricas tradicionais, mas também no fortalecimento da inteligência emocional e do compromisso coletivo.

Por fim, cabe ressaltar a importância da transparência e da coerência nas ações de liderança. Não basta adotar um discurso regenerativo se as práticas organizacionais não refletem esse compromisso. A verdadeira transformação ocorre quando os princípios regenerativos estão integrados em todos os níveis da empresa, guiando desde a tomada de decisão estratégica até as interações cotidianas.

Se a Governança Regenerativa define o rumo e a estrutura, a Liderança Regenerativa é quem navega o barco no dia a dia. A transformação para modelos de negócio regenerativos exige um engajamento profundo e autêntico da alta gestão, começando pelo CEO. Não se trata de uma tarefa que possa ser delegada a um departamento específico de sustentabilidade ou ESG; ela precisa permear a cultura organizacional e estar no centro das decisões estratégicas e operacionais. Como ressalta Philippe Joubert, com sua vasta experiência executiva, "[...] a sustentabilidade não pode ser deixada somente para o diretor de sustentabilidade [...] tem que ser um assunto do CEO e da diretoria toda." O CEO, sob a orientação e o apoio do conselho, torna-se o principal impulsionador da agenda regenerativa, inspirando a organização, alocando recursos e garantindo que o propósito se traduza em ações concretas.

"Sustentabilidade é muito importante para constar apenas na agenda do diretor de sustentabilidade. É também responsabilidade do CEO, da diretoria toda e do conselho." Philippe Joubert - CEO da Earth on Board e especialista global em sustentabilidade corporativa e transição energética.

CASO: A VIRADA NA ALSTOM POWER

De CEO a conselheiro que propaga a mudança para uma governança responsável: a jornada de Philippe Joubert para colocar a sustentabilidade no centro da estratégia empresarial

Philippe Joubert, ex-CEO global da Alstom Power, viveu na pele o desafio de transformar uma gigante da indústria energética. Quando assumiu a presidência da divisão em 2000, a empresa estava vivenciando um declínio no mundo estando à beira do colapso financeiro. Convidado para assumir a liderança mundial, e se mudar do Brasil para França, – Joubert conseguiu colocar a Alstom Power novamente no azul após uma intensa reestruturação – com corte de custos, fechamento de fábricas e revisão de portfólio. Mas foi justamente nesse momento de recuperação que ele fez a virada mais significativa na carreira: percebeu que **nenhuma organização mobiliza milhares de colaboradores no longo prazo apenas em torno da ideia de maximizar o lucro ou a geração de caixa**.

A chave? Voltar à razão de ser de uma empresa e escolher a **Sustentabilidade como propósito central da estratégia**.

Inspirado por uma vivência transformadora no Schumacher College, onde mergulhou em temas de ecologia e pensamento sistêmico, Joubert decidiu conduzir uma mudança profunda.

Reuniu os presidentes e CEOs dos principais clientes globais da Alstom e lançou um desafio com a seguinte pergunta: "Qual será a energia do futuro?" e teve como resposta clara dos CEOs dos principais *stakeholders* (presidentes de empresas de geração de energia): "Vamos sobreviver apenas se fornecermos energia limpa." Após vários estudos e exercícios de cenarizações, nasceu há vinte anos a estratégia para o *clean power* – uma estratégia que reposicionou a empresa para liderar a transição energética que estava iniciando.

O que Joubert fez na prática?

1. Ouviu seus *stakeholders*: reuniu grandes clientes globais para debater o futuro da energia. O consenso foi claro: ou a Alstom ofereceria energia sem emissões, ou ficaria irrelevante.

2. Revisou a estratégia: colocou a sustentabilidade no centro do planejamento estratégico e da operação, adotou a utilização de cenários e transformou a Alstom Power em uma fornecedora de tecnologias para energia limpa. Adaptou a governança com a criação de departamento específico para cuidar do tema de uma maneira holística e estratégica.

3. Criou soluções de transição: sem abandonar o que existia, investiu em pesquisa e adaptou tecnologias de carvão e gás para operar com captura de carbono, entendendo que a transição precisa também ser viável. Também colocou a Alstom Power como uma referência em *advocacy* na área e trabalhou para fortalecer um preço do carbono relevante.

O sucesso financeiro do plano foi evidente. Ainda assim, **o plano não foi encorajado globalmente e não houve estímulo para insistir nas mudanças**. A resistência veio da falta de visão de longo prazo e do apego curto prazista ao "conforto dos bons resultados já obtidos". Joubert, em sua narrativa, demonstrou que o maior obstáculo não foi técnico nem operacional: foi de **governança corporativa**. A governança da Alstom na época – apesar dos resultados positivos – se recusou a aprofundar as transformações propostas, preferindo colher os bons resultados obtidos a continuar a transformação e os investimentos. Então, Joubert fez uma escolha não comum entre CEOs: **preferiu se afastar do cargo,** afirmando que **não poderia continuar liderando uma organização que pecava em não olhar para o futuro, correndo o risco de se tornar irrelevante.** A partir daí, dedicou-se à academia, ao *advocacy* e a preparar conselheiros para os desafios do século XXI.

Hoje, ele atua como conselheiro em diversas partes do mundo, e defende que **sustentabilidade não é tema de um departamento, mas sim do CEO e do *board*.** É categórico: "Governança Regenerativa não é filosofia – é resiliência e bom senso e já faz parte das responsabilidades legais do Conselho. O conselho que ignora que chegamos aos limites planetários está sendo negligente."

6.2. DIVERSIDADE E NOVAS COMPETÊNCIAS EM CONSELHOS INCLUSIVOS: VANTAGEM ESTRATÉGICA NA GOVERNANÇA REGENERATIVA

Para que um conselho seja capaz de liderar a transformação regenerativa, é essencial ampliar a diversidade e incorporar novas competências. Em um ambiente de negócios cada vez mais complexo e interconectado, a inclusão de múltiplas perspectivas não é apenas uma questão de equidade – é uma vantagem competitiva.

Empresas com conselhos diversos tendem a tomar decisões mais assertivas e equilibradas, pois analisam desafios sob diferentes óticas e antecipam riscos e oportunidades com maior precisão. Diversidade de gênero, raça, experiência e pensamento fortalece a inovação, melhora a resiliência organizacional e impulsiona a criação de valor sustentável.

Além disso, novas competências estão se tornando indispensáveis para a alta liderança. A alfabetização climática, por exemplo, deixou de ser um tema restrito aos especialistas e passou a ser uma capacidade essencial para a tomada de decisão. Líderes que compreendem os impactos ambientais e sociais de suas estratégias conseguem alinhar seus negócios às crescentes exigências regulatórias e às expectativas de investidores e consumidores.

Outro fator determinante é o pensamento sistêmico, conforme já mencionado anteriormente. Conselheiros com essa visão conseguem enxergar além das métricas tradicionais e avaliar como cada decisão afeta a organização e seu ecossistema de *stakeholders*. Essa perspectiva permite identificar sinergias, reduzir externalidades negativas e garantir um impacto positivo duradouro.

Por fim, a Governança Regenerativa exige um compromisso contínuo com o aprendizado. Programas de capacitação, mentorias e intercâmbios com especialistas podem ajudar os conselheiros a se manterem à frente das tendências globais e preparados para os desafios emergentes. Empresas que fomentam essa cultura de aprendizado constante fortalecem sua capacidade de adaptação e inovação, garantindo vantagem competitiva no longo prazo.

> *"A agricultura natural parte do reconhecimento de que o solo é um ser vivo. Essa compreensão muda tudo. O solo, os microrganismos, as plantas e os animais têm um papel espiritual e funcional na dinâmica da vida. Não se trata apenas de produzir sem veneno, mas de operar a partir de outra lógica de relação com a Terra." Luiz Carlos Demattê Filho – diretor Técnico-Científico e de Sustentabilidade do Grupo Korin, referência em produção agropecuária sustentável no Brasil.*

CONSELHOS DO FUTURO: COMPETÊNCIAS ESSENCIAIS PARA UMA LIDERANÇA REGENERATIVA

- **Diversidade estratégica**

Decisões mais robustas e inovadoras surgem de equipes com múltiplas perspectivas. Empresas que promovem diversidade na liderança apresentam melhor desempenho financeiro e maior resiliência.

- **Letramento climático**

Compreender os impactos ambientais das decisões empresariais não é mais um diferencial – é um requisito. Investidores e reguladores estão cada vez mais atentos à sustentabilidade corporativa.

- **Pensamento sistêmico**

Líderes que enxergam conexões além do curto prazo conseguem criar estratégias mais eficazes e sustentáveis, garantindo crescimento e impacto positivo no longo prazo.

- **Aprendizado contínuo (*Lifelong learning*)**

A era da transformação exige líderes preparados para desafios inéditos. Conselhos que investem em educação constante estão sempre um passo à frente na construção do futuro.

6.3. MODELOS DINÂMICOS: COLABORAÇÃO E MENOS HIERARQUIA

Como visto anteriormente, os modelos tradicionais de governança corporativa foram construídos sobre estruturas hierárquicas rígidas, nas quais as decisões são centralizadas e os fluxos de informação seguem um caminho linear. No entanto, essa abordagem tem se mostrado limitada diante da complexidade e volatilidade do ambiente de negócios atual. Para liderar a transformação regenerativa, as empresas precisam migrar para modelos mais dinâmicos, colaborativos e adaptáveis.

Ainda segundo Ricardo Young, um dos maiores entraves à transformação regenerativa é a falta de preparo interno das lideranças para lidar com mudanças estruturais. Na sua visão, muitos dirigentes empresariais evitam se aprofundar no tema por receio de confrontar os próprios paradigmas e inseguranças:

> *"Quando os líderes não se conhecem, não têm coragem para lidar com a profundidade das mudanças exigidas. Preferem preservar o status quo." Ricardo Young - sócio-diretor da CTI – Cultura, Transição e Integridade, além de presidente do Instituto Democracia e Sustentabilidade (IDS) e da Carta da Terra Brasil*

Essa postura conservadora impede que a governança avance para modelos mais conectados com a realidade planetária e os valores emergentes da sociedade.

A Governança Regenerativa propõe uma descentralização estratégica do poder decisório, permitindo que diferentes partes interessadas participem ativamente do processo. Esse modelo fortalece a inteligência coletiva da organização, impulsiona a inovação e torna a empresa mais resiliente às mudanças.

Empresas que adotam estruturas colaborativas também criam um ambiente de maior engajamento e retenção de talentos. Quando as pessoas têm autonomia para contribuir com ideias e participar das decisões, sentem-se mais conectadas ao propósito da organização. Esse fator se torna um diferencial competitivo, especialmente para as novas gerações de profissionais, que valorizam participação e significado no trabalho.

Além disso, modelos mais flexíveis favorecem a cocriação de soluções inovadoras. Em um mundo em que desafios ambientais e sociais são cada vez mais interdependentes, as respostas eficazes raramente surgem de decisões isoladas no topo da hierarquia. A Governança Regenerativa exige que as empresas adotem uma mentalidade de rede, na qual a colaboração entre diferentes áreas, parceiros e *stakeholders* é essencial para gerar impactos positivos duradouros.

MODELOS DE GOVERNANÇA PARA A NOVA ECONOMIA

- **Do controle à colaboração**

Empresas ágeis descentralizam a tomada de decisão e envolvem diferentes vozes no processo estratégico.

- **Inovação distribuída**

Modelos flexíveis permitem que ideias fluam livremente, acelerando a inovação e tornando a organização mais adaptável.

- **Engajamento e retenção de talentos**

Profissionais querem autonomia e propósito. Governança colaborativa aumenta a motivação e reduz a rotatividade.

- **Resiliência organizacional**

Empresas abertas à inteligência coletiva se tornam mais preparadas para enfrentar crises e aproveitar oportunidades emergentes.

6.4. *STEWARDSHIP* REGENERATIVO

Nos modelos tradicionais de governança, as decisões empresariais costumam ser pautadas por interesses financeiros de curto prazo, muitas vezes sem considerar os impactos ambientais, climáticos e sociais.

No entanto, a transição para uma economia regenerativa exige que o planeta e as comunidades sejam reconhecidos como *careholders* legítimos no processo decisório corporativo.

O *Stewardship* Regenerativo propõe uma abordagem mais ampla, uma transformação profunda na forma como líderes e organizações se relacionam com o mundo ao seu redor.

O conceito de *Stewardship* Regenerativo pressupõe que líderes e gestores não se vejam como proprietários dos recursos (sejam naturais, humanos ou sociais), mas sim como **guardiões** que têm a responsabilidade de **nutrir, proteger e regenerar** esses recursos para as gerações

O QUE É STEWARDSHIP REGENERATIVO?

Stewardship pode ser traduzido como **gestão responsável** ou **administração cuidadosa**. No contexto regenerativo, isso significa que os líderes e gestores não se veem como proprietários dos recursos (sejam naturais, humanos ou sociais), mas sim como **guardiões** que têm a responsabilidade de **nutrir, proteger e regenerar** esses recursos para as gerações futuras.

Princípios do *Stewardship* regenerativo

1. **Responsabilidade intergeracional**: agir pensando no impacto a longo prazo, não apenas nos resultados imediatos.

2. **Pensamento sistêmico**: considerar as interconexões entre pessoas, comunidades, ecossistemas e organizações.

3. **Regeneração ativa**: ir além da sustentabilidade e buscar restaurar, revitalizar e melhorar os sistemas.

4. **Cuidado com o bem-estar coletivo**: incluir o bem-estar humano, social e ambiental como parte central da tomada de decisão.

5. **Humildade e serviço**: liderar com empatia, escuta ativa e disposição para servir ao todo, não apenas aos interesses individuais ou corporativos.

Aplicações práticas

Um líder que pratica stewardship regenerativo pode, por exemplo:

- Implementar políticas empresariais que regenerem o solo, a água e a biodiversidade.
- Criar ambientes de trabalho que promovam saúde mental, inclusão e desenvolvimento humano.
- Tomar decisões que considerem o impacto em comunidades locais e culturas tradicionais.

Essa abordagem está ganhando força como resposta aos limites dos modelos tradicionais de liderança focados exclusivamente em lucro e eficiência.

futuras. Tal abordagem já tem sido adotada por empresas pioneiras que implementam Conselhos para a Natureza, nos quais especialistas ambientais e cientistas ocupam cadeiras consultivas, garantindo que as decisões empresariais levem em conta a regeneração dos ecossistemas.

Iniciativas como essa trazem benefícios estratégicos. Empresas que integram métricas ambientais, climáticas e sociais à sua governança não apenas mitigam riscos regulatórios e reputacionais, mas também descobrem novas oportunidades de inovação e diferenciação no mercado. Nestas organizações, a mensuração do impacto material, por meio de indicadores como pegada de carbono, biodiversidade e regeneração de recursos, se torna tão relevante quanto os indicadores financeiros.

Essa transformação não é apenas uma necessidade ética, mas uma escolha estratégica inteligente. Reguladores, investidores e consumidores cada vez mais ativistas já estão pressionando as organizações a adotarem práticas mais limpas e responsáveis. Incorporar a natureza na governança não significa apenas evitar prejuízos futuros, mas também criar valor sustentável e duradouro.

A NATUREZA COMO ACIONISTA OU CONSELHEIRA: UM NOVO PARADIGMA NA GOVERNANÇA

A natureza como acionista principal – o caso Patagônia

Em 2022, a Patagônia, marca global de vestuário *outdoor*, redefiniu o conceito de governança corporativa ao anunciar que transferiria 100% de suas ações para um fundo ambiental e uma organização sem fins lucrativos dedicada à luta contra as mudanças climáticas. A estrutura inovadora garante que todos os lucros da empresa sejam reinvestidos em ações regenerativas para o planeta.

- O que mudou?

A família Chouinard, fundadora da Patagônia, renunciou ao controle da empresa para garantir que sua missão ambiental seja perpetuada.

Lucros que antes poderiam ser distribuídos aos acionistas agora financiam soluções para a crise climática.

A governança foi estruturada para equilibrar propósito e rentabilidade, provando que negócios podem ser catalisadores da regeneração ambiental.

• Lições para empresas:

. Modelos de propriedade podem ser redesenhados para gerar impacto positivo.

. A sustentabilidade pode ser integrada à governança de forma definitiva.

. Empresas que lideram a transição regenerativa fortalecem sua reputação e engajam consumidores e investidores.

A natureza com assento no conselho – o caso Faith in Nature

A empresa britânica **Faith In Nature**, especializada em produtos de higiene e beleza sustentáveis, tornou-se pioneira ao nomear formalmente a **Natureza como membro do seu conselho de administração.**

• Como funciona?

A Natureza foi nomeada simbolicamente como **conselheira independente** da empresa.

Um representante humano atua como **guardião legal**, defendendo os interesses ecológicos nas reuniões do conselho.

Esse representante consulta especialistas em áreas como biodiversidade, poluição, energia e gestão da água para embasar suas decisões.

A Faith In Nature alterou seus estatutos para incluir o compromisso de **minimizar impactos negativos sobre a natureza** e **promover impactos positivos.**

A Faith In Nature espera que outras organizações se inspirem a adotar modelos semelhantes que reconheçam os **direitos legais da natureza** como parte da governança corporativa, como foi o caso da FutureEverything no Reino Unido.

A natureza como direcionadora – o caso FutureEverything

A **FutureEverything** é uma organização cultural e laboratório de inovação com sede em Manchester, Reino Unido, fundada em 1995. Ela atua na interseção entre **arte, tecnologia e sociedade**, com o objetivo de estimular novas formas de pensar e promover mudanças sociais positivas por meio da criatividade.

Um dos projetos mais inovadores da FutureEverything é o Nature Directed (a natureza como direcionadora de processos decisórios), que busca **incluir a natureza como agente ativo nas decisões humanas**. Inspirado por iniciativas como a da Faith In Nature, esse projeto explora como a natureza pode ser representada em processos de governança, design e arte – reforçando a ideia de que ela deve ter voz nas decisões que afetam seu equilíbrio

• Lições para empresas:

. Representar a natureza nas decisões estratégicas fortalece o compromisso com a sustentabilidade.

. Conselhos de administração podem se beneficiar de uma governança mais plural e baseada em valores regenerativos.

. O futuro dos negócios depende de um equilíbrio entre prosperidade econômica e preservação ambiental e social.

Reflexão final: o futuro da governança é regenerativo

A Patagônia e o Faith in Nature mostram que a Governança Regenerativa não é um conceito distante, mas uma realidade já em prática. Empresas que integram a natureza em sua estrutura decisória não apenas mitigam riscos, mas também criam novas oportunidades de inovação, reputação e impacto positivo.

Sua empresa está preparada para esse novo paradigma?

7

REFLEXÕES FINAIS E CAMINHOS PARA O FUTURO

Chegamos ao fim de uma jornada conceitual e prática que convida os líderes das organizações a repensarem a forma de dirigir, governar e operar os negócios.

A Governança Regenerativa, conforme apresentada ao longo desta obra, não é um modismo ou uma extensão da agenda de sustentabilidade, mas um novo olhar que demanda uma transformação de mentalidade, estrutura e propósito.

A lógica regenerativa propõe que as empresas deixem de ser apenas redutoras de danos e se tornem **agentes ativos de regeneração**, contribuindo para restaurar e reviver ecossistemas, fortalecer comunidades e preservar a vida em suas múltiplas formas.

Isso implica em reconhecer a interdependência entre negócios, sociedade e natureza, e agir a partir desse entendimento como eixo estratégico. A ação fica por conta dos agentes de governança que devem atuar ativamente como agentes de transformação do ecossistema de negócios global, a partir de sua atuação na estrutura organizacional, como importantes elementos tangíveis do sistema de Governança Regenerativa.

Ao longo dos capítulos deste livro, discutimos:

- **o Antropoceno** a partir da lente da ciência e a responsabilidade das empresas em um mundo moldado pela ação humana;
- a transição da sustentabilidade tradicional para um ***mindset* de regeneração**;
- a **Economia Regenerativa**, que alinha valor econômico com valor ecológico e social, respeitando os limites e as barreira planetárias;
- a evolução do conceito de *stakeholders* e *noholders* para ***careholders***, ampliando o campo de responsabilidade pelo cuidado com o planeta e consequentemente a sociedade;
- os **princípios da Governança Regenerativa**: ética para afirmação da vida, transparência, interdependência, responsabilização, equidade, inovação e circularidade;
- a relevância do **propósito** como um elemento relevante do sistema de Governança Regenerativa, atuando como uma estrela-guia para a **cultura corporativa e direcionador da estratégia de negócios**, todos alicerces para a transformação organizacional;
- e o papel essencial dos órgãos e agentes de governança, entre eles os **sócios/acionistas**, **conselhos de administração, diretoria, órgãos de fiscalização e controle** como catalisadores da mudança.

O QUE SE ESPERA DO FUTURO?

Para o futuro, não basta a adaptação incremental. A urgência dos desafios climáticos, sociais e econômicos requer **rupturas conscientes**, nas quais os conselhos e líderes empresariais assumam o protagonismo da transição. Como afirmado ao longo do livro, a governança não pode mais ser neutra diante da deterioração dos sistemas vivos. A neutralidade, neste contexto, é conivência.

As organizações que incorporarem práticas regenerativas ganharão não apenas reputação, mas **resiliência de longo prazo, atratividade para talentos, confiança de investidores e legitimidade social**. Aquelas que permanecerem presas aos modelos degenerativos, baseados em comando-controle, foco exclusivo no curto prazo e externalização de danos, correm o risco de se tornarem irrelevantes.

CAMINHOS PRÁTICOS PARA O AVANÇO

Para avançar rumo à Governança Regenerativa, algumas direções práticas devem ser consideradas:

- **mapear e redefinir o propósito organizacional** sob uma lente sistêmica, com base em impacto real e duradouro;
- **revisar a composição e atuação dos conselhos**, incorporando diversidade, competências regenerativas e maior proximidade com a gestão;
- **criar métricas de desempenho alinhadas ao "valor ao sistema"**, indo além do EBITDA para incluir capital natural, humano e social;
- **promover a descentralização e o empoderamento** interno e externo como caminho para inovação, resiliência e engajamento;
- **estabelecer pactos com *careholders*** (incluindo os *noholders*), desenvolvendo escuta ativa, corresponsabilidade e mecanismos inclusivos de decisão.

UM CONVITE À CORAGEM

Esta obra foi escrita com a intenção de inspirar, provocar e orientar executivos, conselheiros, empreendedores e profissionais de diversas áreas a olharem para a governança não como um conjunto de boas práticas de *compliance*, mas como **um espaço de decisão ética, estratégica e regenerativa**.

O futuro exige um novo modelo de liderança. Uma liderança que compreenda que regenerar é mais do que uma escolha – é um dever diante da responsabilidade geracional que carregamos.

A governança do futuro é aquela que afirma a vida, respeita os limites planetários, valoriza a justiça social e promove impacto positivo duradouro.

Desejo que este livro seja apenas o início da sua jornada regenerativa. Que ele sirva como guia, provocação e alicerce para decisões corajosas, humanas e transformadoras.

AVALIAÇÃO DA MATERIALIDADE DE GOVERNANÇA REGENERATIVA

GOVERNANÇA REGENERATIVA - UMA JORNADA DE LONGO PRAZO

Promover uma mudança sistêmica demanda um pensamento de longo prazo. Não é um processo fácil, pode tomar diversas formas e impactar diversos atores seja direta ou indiretamente. Promover uma mudança sistêmica é um processo desafiador que pode levar décadas até visualizarmos mudanças efetivas e em larga escala, seja de comportamentos e/ou na forma de se operar um sistema.

É preciso setar as expectativas. A mudança acontece quando a vemos emergir em múltiplos elementos e nem sempre é fácil identificar as relações de causa e efeito destas mudanças. O importante é que neste processo de mudança sistêmica haja espaço para a adaptação e flexibilidade para pivotar quando necessário.

Pensando em contribuir para a jornada da Governança Regenerativa nas organizações, deixo aqui como *grand finale*: um questionário para a avaliação da materialidade da Governança Regenerativa. Este questionário foi adaptado a partir de um *assessment* já existente publicado pela Innovative Dutch (*Regenerative Innovation Readiness: A Framework for Assessing Systemic Impact and Resilience - Innovative Dutch*) para contemplar uma parte mais robusta relacionada a governança corporativa.

Toda e qualquer organização, de qualquer porte e maturidade, pode e deve fazer uso deste questionário em sua jornada para a Governança Regenerativa!

1. PROPÓSITO, CULTURA E ESTRATÉGIA

1.1 Propósito bem definido. Qual a razão de existir e em que medida o modelo de negócios cria valor para a sociedade e para o planeta?

Ainda Não	Fase inicial	Em desenvolvimento	Estabelecido	Transformador
Nossa organização foca exclusivamente no retorno a curto prazo		O propósito orienta algumas de nossas decisões e prioridades		O propósito impulsiona a cultura e estratégia

1.2 Cultura Organizacional. A organização reconhece seu papel dentro dos sistemas ecológicos e sociais?

Ainda Não	Fase inicial	Em desenvolvimento	Estabelecido	Transformador
Tratamos nossa organização como algo separado dos sistemas mais amplos		Nossas cultura reflete a consciência das principais interdependências		Agimos como parte intencional dos sistemas vivos

1.3 Estratégia regenerativa. Existe uma estratégia ativa de restaurar e regenerar, e não apenas de reduzir danos?

Ainda Não	Fase inicial	Em desenvolvimento	Estabelecido	Transformador
Nossas ações visam reduzir danos, mas não regenerar		Impactos específicos são tratados por meio de esforços restaurativos		A regeneração é o cerne da nossa estratégia corporativa

2. VISÃO SISTÊMICA E INOVAÇÃO

2.1 Pensamento sistêmico completo. A inovação considera e influencia sistemas maiores?

Ainda Não	Fase inicial	Em desenvolvimento	Estabelecido	Transformador
Trabalhamos dentro de limites estreitos e internos		Nossas estratégias refletem consciência sistêmica em áreas-chave		Nosso trabalho é projetado para transformar sistemas inteiros através dos princípios regenerativos

2.2 Transições estratégicas para a regeneração. A inovação pode alterar comportamentos, normas ou sistemas em direção à regeneração?

Ainda Não	Fase inicial	Em desenvolvimento	Estabelecido	Transformador
☐	☐	☐	☐	☐
A inovação não afeta comportamentos ou padrões sociais		Nossas soluções influenciam comportamentos ou sinais de mercado		Nossas ações aceleram mudanças positivas auto reforçadoras na sociedade

2.3 Ação colaborativa. A organização atua junto a outras entidades para resolver desafios coletivos?

Ainda Não	Fase inicial	Em desenvolvimento	Estabelecido	Transformador
☐	☐	☐	☐	☐
Nossa organização atua de forma isolada		Parcerias e coalizações são buscadas seletivamente		Colideramos a transformação coletiva com atores alinhados

2.4 Interdependência e visão sistêmica. A empresa reconhece seu papel dentro dos sistemas ecológicos e sociais?

Ainda Não	Fase inicial	Em desenvolvimento	Estabelecido	Transformador
☐	☐	☐	☐	☐
Tratamos nossa organização como algo separado dos sistemas mais amplos		Nossas estratégias refletem a consciência das principais interdependências		Agimos como parte intencional dos sistemas vivos

2.5. Conhecimento aberto e *advocacy*. O conhecimento é compartilhado e usado para influenciar mudanças mais amplas além da organização?

Ainda Não	Fase inicial	Em desenvolvimento	Estabelecido	Transformador
☐	☐	☐	☐	☐
Nossa organização mantém o conhecimento como propriedade interna		Compartilhamos percepções onde elas podem multiplicar o impacto		Usamos nossa voz e conhecimento para influenciar mudanças sistêmicas

3. IMPACTO FINANCEIRO

3.1 Exposição e sistema de mudanças. A empresa considera como mudanças climáticas, escassez de recursos ou tensões socias afetam seu desempenho?

Ainda Não	Fase inicial	Em desenvolvimento	Estabelecido	Transformador
☐	☐	☐	☐	☐
Nossa organização ignora os efeitos dos sistemas externos		Reconhecemos alguns riscos e os monitoramos		Adaptamos nossas estratégias com base em riscos sistêmicos

3.2 Mercado e regulamentação. A organização está atenta a normas, leis e tendências ligadas à regeneração?

Ainda Não	Fase inicial	Em desenvolvimento	Estabelecido	Transformador
☐	☐	☐	☐	☐
Não aplicamos as regulamentações ligadas à regeneração		Acompanhamos as mudanças e aplicamos quando necessário		Nos antecipamos as mudanças regulatórias

3.3 Vulnerabilidade reputacional e licença social para operar. Como a organização lida com as expectativas sociais, reputação e pressão dos *Careholders*?

Ainda Não	Fase inicial	Em desenvolvimento	Estabelecido	Transformador
☐	☐	☐	☐	☐
Não monitoramos à percepção externa e nem atuamos sobre ela		Monitoramos a reputação e respondemos quando há crises		Engajamos ativamente com os Careholders e protegemos nosso valor reputacional

3.4 Acesso a capital. O acesso a crédito, investimentos e parcerias estratégicas é afetado por questões externas?

Ainda Não	Fase inicial	Em desenvolvimento	Estabelecido	Transformador
☐	☐	☐	☐	☐
Não monitoramos o acesso ao capital		O acesso ao capital é monitorado quando necessário		Engajamos ativamente com bancos e financiadores que consideram questões sociais, ambientais e climáticas

4. GOVERNANÇA

4.1 Liderança e Governança. Os princípios regenerativos estão incorporados no comportamento da liderança e na tomada de decisões do Conselho de Administração?

Ainda Não	Fase inicial	Em desenvolvimento	Estabelecido	Transformador
A liderança não demonstra compromisso com a regeneração		Os valores regenerativos são apoiados por alguns de nossos executivos		Nossa governança é guiada pelos princípios regenerativos

4.2 Colaboração Interna. Os colaboradores estão preparados e incentivados a apoiar os objetivos regenerativos?

Ainda Não	Fase inicial	Em desenvolvimento	Estabelecido	Transformador
Conscientização e aprendizado não são abordados internamente		Oportunidades de aprendizado são oferecidas a equipes e cargos relevantes		Todos em nossa organização estão preparados para contribuir

4.3 Alinhamento interfuncional. Todos os departamentos, comitês e conselhos, estão alinhados e interconectados na agenda regenerativa?

Ainda Não	Fase inicial	Em desenvolvimento	Estabelecido	Transformador
A regeneração está limitada a departamentos isolados		Há colaboração entre equipes com metas compartilhadas		Todas as áreas da organização atuam com base em uma visão comum

4.4 Incentivos e Responsabilização. As recompensas e avaliações estão alinhadas com o desempenho regenerativo?

Ainda Não	Fase inicial	Em desenvolvimento	Estabelecido	Transformador
As recompensas são baseadas apenas em resultados financeiros		Métricas de impacto influenciam algumas avaliações		Incentivos e revisões estão alinhados aos nossos objetivos regenerativos

4.5 Governança Ética e Responsiva. A governança é inclusiva, reflexiva e guiada por uma visão regenerativa do futuro?

Ainda Não	Fase inicial	Em desenvolvimento	Estabelecido	Transformador
☐	☐	☐	☐	☐
Nossa governança carece de revisão ética ou participação de *Careholders*		As perspectivas dos *Careholders* são consideradas em decisões importantes		Nossa governança é inclusiva, transparente e regularmente adaptada

5. REGENERAÇÃO E BARREIRAS PLANETÁRIAS

5.1 Viver dentro dos limites ecológicos. A empresa opera dentro dos limites ecológicos para um futuro seguro?

Ainda Não	Fase inicial	Em desenvolvimento	Estabelecido	Transformador
☐	☐	☐	☐	☐
Nossas operações excedem os limites ambientais seguros		As metas estão alinhadas com normas de sustentabilidade do setor		Nossa pegada respeita todos os limites planetários

5.2 Regenerativa por design. Os produtos e processos são projetados para regenerar os sistemas naturais?

Ainda Não	Fase inicial	Em desenvolvimento	Estabelecido	Transformador
☐	☐	☐	☐	☐
Nosso produto de design não considera a regeneração dos ecossistemas		Os produtos incluem alguns elementos que apoiam a regeneração		Princípios regenerativos orientam todas as nossas decisões de design

5.3 Circularidade e eliminação de resíduos. Os materiais e recursos são reutilizados, recuperados e mantidos em ciclos fechados?

Ainda Não	Fase inicial	Em desenvolvimento	Estabelecido	Transformador
☐	☐	☐	☐	☐
Os materiais geram resíduos e não se aplica práticas circulares		Nossa organização aplica práticas circulares nas operações principais		Todos os sistemas são projetados para eliminar resíduos e recircular materiais

5.4 Operações positivas para a natureza: impacto material. As operações levam a resultados positivos para os ecossistemas e a biodiversidade?

Ainda Não	Fase inicial	Em desenvolvimento	Estabelecido	Transformador
Nossas atividades degradam ecossistemas e a biodiversidade		Realiza-se esforços para a restauração local		Nossas operações melhoram a saúde dos sistemas naturais

5.5 Ações climáticas. A organização busca restaurar ativamente o equilíbrio climático?

Ainda Não	Fase inicial	Em desenvolvimento	Estabelecido	Transformador
Não existe uma estratégia climática ou metas de emissões		Reduções estão em andamento com metas impostas		Nossa estratégia climática restaura ativamente o equilíbrio planetário

6. INCLUSÃO DOS *CAREHOLDERS*

6.1 Prosperidade dos *Careholders*. Todas os *Careholders* são apoiados para prosperar por meio do modelo de negócios?

Ainda Não	Fase inicial	Em desenvolvimento	Estabelecido	Transformador
Nosso modelo cria valor às custas de outros		Condições de trabalho e meios de subsistência são protegidos		Todos os Careholders se beneficiam e prosperam por meio do nosso trabalho

6.2 Design inclusivo e cocriação. Grupos impactados são envolvidos de forma significativa na criação das soluções?

Ainda Não	Fase inicial	Em desenvolvimento	Estabelecido	Transformador
As soluções são desenvolvidas sem a participação dos *Careholders*		A cocriação inclui participantes ou comunidades selecionadas		Os processos de design são centrados na colaboração com *Careholders*

6.3 Equidade e justiça. A organização promove ativamente a equidade e a justiça social?

Ainda Não	Fase inicial	Em desenvolvimento	Estabelecido	Transformador
Nosso modelo mantém ou ignora desigualdades		A equidade é tratada por meio de iniciativas pontuais		A justiça está incorporada em tudo o que fazemos

6.4 Responsabilidade perante a comunidade e partes interessadas. As decisões são tomadas com responsabilidade em relação às vozes das comunidades impactadas?

Ainda Não	Fase inicial	Em desenvolvimento	Estabelecido	Transformador
Nossa organização não se envolve com as comunidades afetadas		As partes interessadas são informadas e consultadas ocasionalmente		As comunidades têm um papel na definição de nossas decisões

7. RESILIÊNCIA DE VALOR

7.1 Foco no valor de longo prazo. A estratégia está focada na criação de valor de longo prazo para a sociedade?

Ainda Não	Fase inicial	Em desenvolvimento	Estabelecido	Transformador
Retornos de curto prazo orientam nossa direção estratégica		Os planos estratégicos equilibram impactos de curto e longo prazo		Nossa criação de valor beneficia as futuras gerações

7.2. Distribuição justa de valor. O valor econômico é distribuído de forma justa entre aqueles que o ajudam a gerar?

Ainda Não	Fase inicial	Em desenvolvimento	Estabelecido	Transformador
O valor se acumula em um grupo restrito		Parte do nosso capital apoia trabalhos regenerativos		O valor é distribuído de forma justa por todo o nosso ecossistema

7.3. Finanças e capital sustentáveis. Os fluxos financeiros estão alinhados com resultados e princípios regenerativos?

Ainda Não	Fase inicial	Em desenvolvimento	Estabelecido	Transformador
☐	☐	☐	☐	☐
Os fluxos de capital financiam modelos de negócios extrativos		Parcerias e coalizões são buscadas seletivamente		Nossa estratégia de investimento regenera sistemas sociais e ecológicos

7.4. Resiliência e capacidade adaptativa. A organização está preparada para se adaptar e prosperar em condições de mudança?

Ainda Não	Fase inicial	Em desenvolvimento	Estabelecido	Transformador
☐	☐	☐	☐	☐
Nossa organização é reativa e frágil sob pressão		O planejamento de riscos está incorporado nas funções-chave		Prosperamos em meio à incerteza e à mudança sistêmica

8. MATRIZ DE RISCOS EMERGENTES

8.1 Riscos Climáticos: físicos e de transição. A organização identifica e atua frente a riscos causados por eventos climáticos?

Ainda Não	Fase inicial	Em desenvolvimento	Estabelecido	Transformador
☐	☐	☐	☐	☐
Não avaliamos esse tipo de risco		Percebemos riscos, mas tomamos medidas apenas se necessário		Temos processos para monitorar e responder a riscos climáticos

8.2 Riscos Sociais. A organização monitora como os movimentos sociais, mídias e clientes podem afetar sua reputação e receita?

Ainda Não	Fase inicial	Em desenvolvimento	Estabelecido	Transformador
☐	☐	☐	☐	☐
Não monitoramos impactos sociais		Acompanhamos quando há crise		Temos processos para monitorar e responder a riscos sociais

8.3 Riscos Operacionais. A organização está preparada para novas exigências operacionais e/ou tecnológicas que possam impactar nos custos, processos ou produtos?

Ainda Não	Fase inicial	Em desenvolvimento	Estabelecido	Transformador
☐	☐	☐	☐	☐
Não acompanhamos mudanças regulatórias		Monitoramos pontualmente com baixa atuação		Possuímos monitoramento e plano de adequação

8.4 Riscos de Governança. A organização avalia o risco de escândalos ou falhas de integridade e compliance?

Ainda Não	Fase inicial	Em desenvolvimento	Estabelecido	Transformador
☐	☐	☐	☐	☐
Não temos processos formais de controle de integridade		Começamos a implementar políticas de ética e conduta		Temos códigos de conduta, canal de denúncia e comitês especializados

8.5 Riscos de perda de biodiversidade e/ou escassez de serviços ecossistêmicos. Há processos para mensurar e mitigar impactos sobre a biodiversidade decorrentes das atividades da organização?

Ainda Não	Fase inicial	Em desenvolvimento	Estabelecido	Transformador
☐	☐	☐	☐	☐
Não temos processos de monitoramento para mitigar e acompanhar os impactos sobre a biodiversidade e/ou serviços ecossistêmicos		Monitoramos pontualmente com baixa atuação		Possuímos monitoramento para mensurar e mitigar os impactos sobre a biodiversidade e/ou serviços ecossistêmicos

8.6 Riscos reputacionais. A organização avalia a percepção pública e a confiança de seus careholders no negócio?

Ainda Não	Fase inicial	Em desenvolvimento	Estabelecido	Transformador
☐	☐	☐	☐	☐
Não monitoramos ou avaliamos a percepção pública e confiança dos careholders sobre nosso negócio		Realizamos monitoramento pontuais e necessários		Possuímos monitoramento e plano de adequação a riscos reputacionais

GLOSSÁRIO

Accountability – responsabilização e obrigação de prestar contas pelas decisões, atos e omissões de indivíduos ou órgãos de governança, considerando impactos sociais, ambientais, éticos e financeiros.

Acionistas – indivíduos ou entidades detentores de participação no capital de uma empresa, com direitos e deveres. Em uma Governança Regenerativa, são corresponsáveis pela definição do propósito e pelos impactos sistêmicos do negócio.

Antropoceno – era geológica proposta para designar o período atual, marcado pela influência dominante da atividade humana sobre os sistemas naturais, resultando em alterações climáticas, degradação ecológica e crises sociais.

Careholders – partes interessadas que se envolvem de forma ativa com os sistemas afetados por uma organização. Diferenciam-se dos *stakeholders* pois são partes não convencionalmente consideradas pelas empresas, que quando passa a os considerar em sua atuação adotam a lógica orientada à regeneração e à corresponsabilidade.

Circularidade – princípio que visa à reestruturação de processos para manter recursos em uso por mais tempo, promovendo a reutilização, reciclagem e regeneração, em contraposição ao modelo linear de "extrair, produzir, descartar".

Climate Action Tracker (CAT) – plataforma científica independente que avalia compromissos climáticos dos países frente ao Acordo de Paris, sendo referência para análise de alinhamento de políticas e metas corporativas com a ciência do clima.

Compliance - adesão e conformidade da organização com leis, normas, regulamentos e princípios éticos aplicáveis às suas atividades.

Conselho de Administração - órgão colegiado responsável por definir as estratégias da organização e supervisionar sua gestão, sendo central na adoção e consolidação da Governança Regenerativa.

Diretoria Executiva - grupo responsável pela execução da estratégia e pela gestão operacional da organização, devendo atuar como agente facilitador da cultura regenerativa.

Economia Regenerativa - abordagem econômica orientada à restauração e vitalização de sistemas sociais e naturais, por meio de inclusão, circularidade, valor sistêmico e inovação ética.

Environmental, Social and Governance (ESG) - sigla utilizada para designar práticas, critérios e riscos relacionados aos aspectos ambientais, sociais e de governança de uma organização.

Governança Corporativa - sistema que regula as relações entre sócios, conselho, diretoria e demais partes interessadas, buscando transparência, equidade, prestação de contas e responsabilidade corporativa.

Governança Regenerativa - modelo de governança sistêmico, ético e baseado em propósito, que promove impacto positivo duradouro e contribui ativamente para a restauração de sistemas vivos e relações sociais.

Global Reporting Initiative (GRI) - organização internacional que desenvolve padrões de relato de sustentabilidade, incentivando empresas a divulgar seus impactos econômicos, ambientais e sociais.

Instituto Nacional de Pesquisas Espaciais (Inpe) - órgão vinculado ao governo brasileiro, responsável pelo monitoramento ambiental por satélites e estudos sobre mudanças no uso do solo, desmatamento e eventos climáticos extremos.

Interdependência - condição em que os elementos de um sistema estão mutuamente conectados e influenciam-se reciprocamente; base do pensamento sistêmico e pilar da Governança Regenerativa.

Intergovernmental Panel on Climate Change (IPCC) - painel científico intergovernamental da ONU, referência global na avaliação do conhecimento sobre mudanças climáticas, seus impactos e estratégias de mitigação e adaptação.

International Sustainability Standards Board (ISSB) – órgão internacional de normalização vinculado à IFRS Foundation, criado para desenvolver normas contábeis de sustentabilidade adotadas por mercados financeiros globais.

International Organization for Standardization (ISO) – organização internacional de padronização com sede em Genebra, responsável por desenvolver normas técnicas globais que padronizam processos, sistemas e práticas em diferentes setores.

Licença social para operar – aceitação tácita e contínua, por parte da sociedade, da legitimidade da atuação de uma organização em determinado território ou setor.

Mitigação – ações voltadas à redução dos impactos negativos das atividades humanas, especialmente os relacionados à mudança do clima, emissões de carbono e degradação ambiental.

National Association of Corporate Directors (NACD) – associação norte-americana que promove boas práticas e atualizações para conselhos de administração, com foco em riscos emergentes, diversidade e sustentabilidade.

Noholders – grupos afetados por decisões empresariais, mas que não têm representação ou poder direto de influência, como populações marginalizadas, ecossistemas e gerações futuras.

Organização para a Cooperação e Desenvolvimento Econômico (OCDE) – entidade intergovernamental que promove políticas públicas para o crescimento econômico, inclusão social e boa governança.

Objetivos de Desenvolvimento Sustentável (ODS) – agenda da ONU composta por 17 metas globais integradas voltadas à erradicação da pobreza, proteção ambiental e promoção de paz, justiça e prosperidade até 2030.

Painel Brasileiro de Mudanças Climáticas (PBMC) – organismo científico brasileiro criado para apoiar a formulação de políticas públicas e estratégias relacionadas às mudanças climáticas, funcionando como um "IPCC nacional".

PIB – Produto Interno Bruto.

Propósito Organizacional – razão de ser da organização, que deve orientar decisões e alinhar estratégia, cultura e impacto. Em modelos regenerativos, é dinâmico, sistêmico e voltado à geração de valor positivo duradouro.

Regeneração – processo ativo e contínuo de restauração de ecossistemas, vínculos sociais, instituições e estruturas organizacionais, visando ao florescimento da vida em todas as suas formas.

***Science Based Targets initiative* (SBTi)** – iniciativa global que orienta e valida metas corporativas de redução de emissões alinhadas à ciência climática.

Stakeholders – partes interessadas que influenciam ou são influenciadas pelas atividades de uma organização, como colaboradores, clientes, investidores, comunidades e fornecedores.

Sustentabilidade – conceito de desenvolvimento que busca atender às necessidades atuais sem comprometer a capacidade das gerações futuras, integrando justiça social, equilíbrio ambiental e prosperidade econômica.

Sócios – pessoas físicas ou jurídicas que participam do capital social de uma empresa, especialmente em sociedades limitadas e empresas fechadas, com influência estratégica relevante.

Task Force on Climate-Related Financial Disclosures (TCFD) – força-tarefa internacional que recomenda práticas de divulgação de riscos climáticos financeiros para empresas e instituições financeiras.

Transparência – princípio que assegura o acesso tempestivo, claro e confiável a informações relevantes para *stakeholders* e órgãos de governança, fortalecendo confiança e legitimidade.

Valor ao sistema – abordagem estratégica que mede o sucesso da organização pela sua contribuição positiva a todo o ecossistema do qual faz parte – incluindo sociedade, meio ambiente e economia –, e não apenas pelo retorno ao acionista.

REFERÊNCIAS

AET. *Annual Review 2024–2025*. Disponível em: https://www.aet-tankers.com/awcontent/Web/Documents/AET-Annual-Review-2024-2025-(1).pdf

ASSOCIAÇÃO BRASILEIRA DE NORMAS TÉCNICAS. *ABNT NBR ISO 37000:2022 – Diretrizes de governança de organizações*. Rio de Janeiro: ABNT, 2022.

BENYUS, Janine. *Biomimicry:* Innovation Inspired by Nature. Harper Perennial, 2002.

CIRCLE ECONOMY FOUNDATION. *The circularity gap report 2024*. Amsterdam: Circle Economy, 2024. Disponível em: https://circulareconomy.europa.eu/platform/en/knowledge/circularity-gap-report-2024. Acesso em: 30 jul. 2025.

CLIMATE GOVERNANCE INITIATIVE. *Viña Concha y Toro:* Case Study. Disponível em: https://hub.climate-governance.org/article/vina_concha_y_toro_case_study

CLIMATE ACTION TRACKER. *Warming Projections Global Update*. [S.l.], 2022. Disponível em: https://climateactiontracker.org/publications/global-update-nov-2022/. Acesso em: 2 out. 2024.

CRUTZEN, Paul J.; STOERMER, Eugene F. The Anthropocene. *Global Change Newsletter*, n. 41, p. 17-18, 2000.

SILVEIRA, Alexandre di Miceli. *Governança corporativa no Brasil e no mundo: teoria e prática*. 3. ed. São Paulo: Elsevier, 2021. p. 179–180.

DOUGHNUT ECONOMICS ACTION LAB. *O espaço seguro e justo para a humanidade*. Disponível em: https://doughnuteconomics.org. Acesso em: 30 jul. 2025.

DRUCKER, Peter F. *The Essential Drucker:* The Best Sixty Years of Peter Drucker's Essential Writings on Management. New York: HarperBusiness, 2001.

ELKINGTON, John. *Canibais com garfo e faca*: o *triple bottom line* na prática. São Paulo: Makron Books, 2001.

ELKINGTON, John. *Green Swans:* The Coming Boom in Regenerative Capitalism. Fast Company Press, 2020.

ENACTING PURPOSE INITIATIVE. *Enacting Purpose Initiative* – EU Report. [S.l.]: Enacting Purpose Initiative, Aug. 2020. Disponível em: https://enactingpurpose.org/assets/enacting-purpose-initiative---eu-report-august-2020.pdf. Acesso em: 30 jul. 2025.

FORTUNE MEDIA. *Fortune Global 500 – 2023 Ranking*. Fortune, 2023.

FULLERTON, John. *Regenerative Capitalism: How Universal Principles and Patterns Will Shape the New Economy*. Capital Institute, 2015.

GLOBAL FOOTPRINT NETWORK. *Earth Overshoot Day 2023*. Disponível em: https://www.overshootday.org/. Acesso em: 4 out. 2024.

GOVERNO DO ESTADO DO RIO GRANDE DO SUL. *Temporal no RS deixa dezenas de mortos e milhares de desabrigados*. Porto Alegre, 2023. Disponível em: https://www.estado.rs.gov.br/temporal-no-rs. Acesso em: 2 out. 2024.

HARAWAY, Donna. *Staying with the Trouble:* Making Kin in the Chthulucene. Durham: Duke University Press, 2016.

HARDMAN, J. *Leading for Regeneration:* Going Beyond Sustainability in Business, Education, and Community. London: Routledge, 2012.

HERBERT SMITH FREEHILLS. *High Court refuses permission for climate change activist shareholder to bring derivative action on behalf of Shell plc against its directors.* 10 maio 2023. Disponível em: https://www.hsfkramer.com/en_US/notes/bankinglitigation/2023-05/high-court-refuses-permission-for-climate-change-activist-shareholder-to-bring-derivative-action-on-behalf-of-shell-plc-against-its-directors/. Acesso em: 1 ago. 2025.

HOLLIDAY, Michelle. *The Age of Thrivability:* Vital Perspectives and Practices for a Better World. Independently Published, 2016.

INTERNATIONAL COMMISSION ON STRATIGRAPHY (ICS). *Formal ratification of the Anthropocene proposal rejected.* 2024. Disponível em: https://stratigraphy.org/. Acesso em: 22 out. 2024.

INSTITUTO NACIONAL DE PESQUISAS ESPACIAIS (INPE). *Monitoramento da Amazônia*. São José dos Campos: INPE, 2021. Disponível em: http://terrabrasilis.dpi.inpe.br/. Acesso em: 2 out. 2024.

INSTITUTE FOR POLICY STUDIES (IPS). *Giant Corporations Are More Powerful Than Most Countries*. Washington, D.C.: IPS, 2018.

INSTITUTO BRASILEIRO DE GOVERNANÇA CORPORATIVA (IBGC). *Código das melhores práticas de governança corporativa*. 6. ed. São Paulo: IBGC, 2023. Disponível em: https://www.ibgc.org.br/pt/publicacoes/codigo-das-melhores-praticas--de-governanca-corporativa. Acesso em: 30 jul. 2025.

INTERNATIONAL ENERGY AGENCY (IEA). *Global Energy Outlook 2022*. Paris: IEA, 2022. Disponível em: https://www.iea.org/reports/global-energy-outlook-2022. Acesso em: 4 out. 2024.

INTERGOVERNMENTAL PANEL ON CLIMATE CHANGE (IPCC). *AR6 Synthesis Report:* Climate Change 2023 – Summary for Policymakers. Genebra: IPCC, 2023.

IPCC – INTERGOVERNMENTAL PANEL ON CLIMATE CHANGE (IPCC). *Climate Change 2021:* The Physical Science Basis. Contribution of Working Group I to the

Sixth Assessment Report of the IPCC. Cambridge: Cambridge University Press, 2021.

JENSEN, Michael C.; MECKLING, William H. Theory of the firm: managerial behavior, agency costs and ownership structure. *Journal of Financial Economics*, v. 3, n. 4, p. 305-360, 1976. North-Holland Publishing Company. Disponível em: https://www.sfu.ca/~wainwrig/Econ400/jensen-meckling.pdf. Acesso em: 8 ago. 2025.

LALOUX, Frederic. *Reinventando as organizações:* um guia para criar organizações inspiradas no próximo estágio da consciência humana. Voo, 2014.

LALOUX, Frederic. *Reinventando as organizações:* um guia para criar organizações inspiradas no próximo estágio da consciência humana. Tradução: Denise Araujo. São Paulo: Editora Vida Integral, 2015.

KUHN, Thomas S. *A estrutura das revoluções científicas.* 1ª ed. 1962. Trad. para o português: 5ª ed. São Paulo: Perspectiva, 1998.

MALM, Andreas. *Fossil Capital:* The Rise of Steam Power and the Roots of Global Warming. London: Verso, 2016.

MASLIN, Mark A.; LEWIS, Simon L. Anthropocene: Earth's new epoch. *Nature*, v. 519, n. 7542, p. 171-180, 2015.

MAYER, Colin. *Prosperity:* Better Business Makes the Greater Good. Oxford: Oxford University Press, 2018.

MEADOWS, Donella H. *Pensando em sistemas*: uma introdução. São Paulo: Routledge Brasil, 2021.

MCKEOWN, Max. *Estratégia*: Do planejamento à execução. Alta Books Editora, 2019.

MEADOWS, Donella H. *Thinking in Systems:* A Primer. Chelsea Green Publishing, 2008.

MEADOWS, Donella H. *Pensando em sistemas:* uma introdução. Tradução: Luísa Corrêa. São Paulo: Editora Alaúde, 2019.

MOORE, Jason W. *Capitalism in the Web of Life:* Ecology and the Accumulation of Capital. London: Verso, 2016.

NATIONAL ASSOCIATION OF CORPORATE DIRECTORS (NACD). *2020 Governance Outlook:* Projections on Emerging Board Matters. Disponível em: https://www.nacdonline.org/analytics/survey.cfm?ItemNumber=66862. Acesso em: 11 jun. 2020.

ORGANIZAÇÃO PARA A COOPERAÇÃO E DESENVOLVIMENTO ECONÔMICO (OCDE). *Princípios de governança corporativa do G20/OCDE.* Paris: OECD Publishing, 2023.

PAINEL BRASILEIRO DE MUDANÇAS CLIMÁTICAS (PBMC). *Sumário Executivo do Primeiro Relatório de Avaliação Nacional sobre Mudanças Climáticas.* Rio de Janeiro: PBMC, 2014.

PAULY, Daniel *et al. Fishing Down Marine Food Webs.* Science, v. 279, p. 860-863, 1998.

PENTEADO, Marco Antonio de Barros. Shareholders, stakeholders, "noholders". *Revista RI – Relações com Investidores*, n. 244, abr. 2023. Disponível em: https://www.revistari.com.br/244/1641. Acesso em: 15 jul. 2025.

RAWORTH, Kate. *Doughnut Economics:* Seven Ways to Think Like a 21st-Century Economist. White River Junction: Chelsea Green Publishing, 2017.

REED, Bill. Shifting from "sustainability" to regeneration. *Building Research & Information*, v. 35, n. 6, p. 674–680, 2007.

ROBERTSON, Brian. *Holacracia:* o novo sistema de gestão que propõe o fim da hierarquia. São Paulo: Benvirá, 2015.

ROCKSTRÖM, Johan; STEFFEN, Will. Planetary Boundaries: Exploring the Safe Operating Space for Humanity. *Ecology and Society*, v. 14, n. 2, p. 32, 2009.

ROCKSTRÖM, Johan; STEFFEN, Will. *Planetary Boundaries: Exploring the Safe Operating Space for Humanity*. Stockholm: Stockholm Resilience Centre, 2009.

ROSSETTI, José Paschoal. *Governança Corporativa:* fundamentos, desenvolvimento e tendências. 6. ed. São Paulo: Atlas, 2019.

SANFORD, Carol. *The Regenerative Business:* Redesign Work, Cultivate Human Potential, Achieve Extraordinary Outcomes. Nicholas Brealey, 2017.

SANFORD, Carol. *The Regenerative Business:* Redesign Work, Cultivate Human Potential, Achieve Extraordinary Outcomes. Boston: Nicholas Brealey Publishing, 2017.

SCHEIN, Edgar H. *Cultura organizacional e liderança.* 5. ed. São Paulo: Atlas, 2017.

SISTEMA DE ESTIMATIVA DE EMISSÕES DE GASES DE EFEITO ESTUFA (SEEG). *Emissões de Gases de Efeito Estufa no Brasil.* Observatório do Clima, 2021. Disponível em: https://seeg.eco.br/. Acesso em: 2 out. 2024.

SENGE, Peter M. *A quinta disciplina:* a arte e a prática da organização que aprende. Best Seller, 1990.

SPITZ, R. *The Definitive Guide to Thriving on Disruption*. Techistential Press, 2023.

STEFFEN, Will et *al.* Planetary Boundaries: Guiding Human Development on a Changing Planet. *Science*, v. 347, n. 6223, p. 1259855, 2015.

STEFFEN, Will et *al.* The Anthropocene: From Global Change to Planetary Stewardship. *Ambio*, v. 40, n. 7, p. 739-761, 2011.

STOCKHOLM RESILIENCE CENTRE. Earth System Boundaries: Safe and Just Earth System Boundaries. *Nature*, v. 617, p. 567-575, 2023.

STORM, Laura; HUTCHINS, Giles. *Liderança regenerativa:* o DNA de organizações que afirmam a vida no século 21. Rio de Janeiro: Bambual Editora, 2019.

TIRONI, Manuel. The Anthropocene: A Critical Exploration. *Environmental Humanities*, v. 8, n. 1, p. 149-171, 2016.

WACKERNAGEL, Mathis; REES, William. *Our Ecological Footprint:* Reducing Human Impact on the Earth. Gabriola Island: New Society Publishers, 1996.

WAHL, Daniel Christian. *Design de culturas regenerativas*. Rio de Janeiro: Bambual Editora, 2a edição, 2020.

WATERS, Colin N. *et al.* The Anthropocene is Functionally and Stratigraphically Distinct from the Holocene. *Science*, v. 351, n. 6269, p. 2622, 2016.

WHITEMAN, Gail; WALKER, Brian; PEREGO, Paolo. Planetary Boundaries: Ecological Foundations for Corporate Sustainability. *Journal of Management Studies*, v. 50, n. 2, p. 307-336, 2013.

WORLD ECONOMIC FORUM. *Global Risks Report 2024*. Disponível em: https://www.zurich.com.br/blog/articles/2024/01/relatorio-de-riscos-globais-2024. Acesso em: 1 out. 2024.

ZALASIEWICZ, Jan *et al.* Are We Now Living in the Anthropocene? *GSA Today*, v. 18, n. 2, p. 4-8, 2008.

ZALASIEWICZ, Jan *et al.* The Anthropocene: A New Epoch of Geological Time? *Philosophical Transactions of the Royal Society A*, v. 369, n. 1938, p. 835-841, 2011.

SOBRE A AUTORA

Gabriela Blanchet é uma das vozes mais influentes na transformação da governança corporativa no Brasil. Advogada, mestre em Direito dos Negócios pela FGV SP, com mais de três décadas de atuação em governança, direito societário, M&A e *compliance*, ela alia profundidade técnica à visão estratégica de quem compreende que ética, sustentabilidade e inovação são pilares inseparáveis da liderança contemporânea.

Fundadora do Blanchet Advogados, Gabriela lidera projetos que moldam o futuro das organizações, promovendo estruturas de governança resilientes, transparentes e alinhadas aos princípios regenerativos. Sua atuação vai além do jurídico: ela é conselheira certificada internacionalmente, embaixadora e presidente do comitê de líderes da iniciativa brasileira da Climate Governance Initiative do Fórum Econômico Mundial, e membro ativo de organizações que desenham os rumos da integridade empresarial no país.

Mais do que adaptar empresas às exigências do presente, Gabriela defende uma **Governança Regenerativa** – aquela que reconhece os limites do planeta, repara danos históricos e cultiva relações mais justas com todas as partes interessadas. Para ela, regenerar é mais do que preservar: é restaurar, reimaginar e reconstruir modelos de negócios que contribuam ativamente para um futuro mais equilibrado, justo e inclusivo.

Autora de obras e artigos que desafiam o pensamento tradicional, Gabriela é também educadora, palestrante e curadora de conteúdo em congressos nacionais. Sua escrita reflete o compromisso com uma liderança que não apenas responde aos desafios do presente, mas antecipa soluções para um novo pacto empresarial com a sociedade – um pacto baseado em propósito, responsabilidade e regeneração.